Afirmando la necesidad de una visión transformadora para los creyentes del siglo XXI

BUSCADORES DE VISIÓN

JUAN CARLOS ESCOBAR

EDITORIAL PATMOS

Buscadores de visión

Publicado por Editorial Patmos,
Miami, FL. 33169

Diseño de portada e interior por Adrián Romano

ISBN 13: 978-1-58-802761-0

Categoría: Liderazgo/Vida Cristiana

Impreso en Brasil | *Printed in Brazil*

Recomendaciones

Ante el desenfreno por la necesidad de visiones que propicien riqueza, éxitos y seguridades efímeras, Juan Carlos Escobar, pastor obediente al mover del Espíritu Santo, nos introduce con una lectura ágil y fresca en la visión profética fundamentada en las Sagradas Escrituras.

El libro aporta las claves para la normalización del profetismo, haciendo que lo extraordinario pueda llegar a constituirse en tu vida en un proceso ordinario, relevante y transformador. Su lectura te confrontará con el reto de asumir una nueva dimensión a la que, sin duda, el Espíritu Santo anhela elevarte ya.

—DR. JESÚS CARAMÉS
Rector Facultad Teología AD

Soy un asiduo lector de libros y artículos sobre el tema del liderazgo. Como líder denominacional en los Estados Unidos de América y Pastor General de la Iglesia El Calvario en Orlando, Florida, me siento responsable de mantenerme al día sobre todo lo referente al desarrollo de líderes. Cuando comencé a leer *Buscadores de visión*, me di cuenta desde el comienzo de que aunque el tema del liderazgo esta implícito, este libro nos lleva a ver con profundidad el tema de lo que es visión, y si no hay visión no hay liderazgo. Lo considero un trabajo académico extraordinario. Juan Carlos Escobar nos presenta este trabajo investigativo y exegético tan completo, que puedo ver este libro como uno de lectura asignada en el campo de la Teología Pastoral.

Al definir lo que es visión, el autor toma en cuenta el trasfondo cultural, el uso original de las palabras, y las aplicaciones contextuales tanto en el Antiguo como en el Nuevo Testamento. Este trabajo investigativo sirve como un espejo para que todo el que labora en el campo eclesiástico se mire y pueda calificarse en el grado de visión que pueda tener. Esa visión impactará el futuro. Todos debemos ser BUSCADORES DE VISIÓN.

—NINO GONZÁLEZ, D.MIN.
Pastor Iglesia El Calvario, Orlando, FL. USA
Superintendente Distrital, Distrito Multicultural
de las Asambleas de Dios, Florida, USA

El querido pastor Juan Carlos Escobar en este libro muestra que su corazón está impregnado de un fuerte celo por la fama de Dios, a quien ama y sirve. Su pasión lo ha llevado a denunciar con vehemencia los engaños y desvíos espirituales tan dañinos, pero su fuerte voz profética esta enraizada en su corazón de pastor que con ternura nos esperanza mostrándonos que, en el barco de la historia, Jesús esta en el timón.

—PASTOR PEDRO IBARRA
Iglesia El Puente, Quilmes, Buenos Aires, Argentina

Es un privilegio para mí poder recomendar la lectura de este libro por dos razones fundamentales: la primera es el conocimiento personal del Pastor Juan Carlos Escobar y su ministerio. La segunda razón es la importancia del tema tratado en la actualidad de la Iglesia y la profundidad y seriedad con el que se aborda el mismo. Vivimos tiempos donde es necesario poder arrojar una luz esclarecedora en estos temas, y qué maravilloso es poder hacerlo a la luz de la Palabra de Dios. Damos gracias a Dios por el esfuerzo de Juan Carlos Escobar en estas páginas, y oramos a Dios que sirva para guiar a los lectores a conocer más de la voluntad de Dios en estos asuntos de vital importancia en estos tiempos.

—EVANGELISTA CARLOS ANNACONDIA
Ministerio Mensaje de Salvación, Argentina

En *Buscadores de visión* encontrarás con claridad meridiana el concepto de visión. Es el plan, el diseño por el que Dios revela tu futuro. Es el puente invisible que conecta el presente con tu futuro en Dios.

—MAURICIO Y ELIZABETH GUIDINI
Pastores Fundadores "El Sendero de la Cruz", Puerto Rico

Este libro es una auténtica expresión de la vida y ministerio de su autor. Se recomienda el presente libro a los que aprecian un escrito que trate de un tema tan bíblicamente relevante, en cuyas líneas se puede detectar un fuerte raigambre bíblico, una significativa profundidad teológica y un enfoque destacado y contemporáneo.

—JUVENIL PEREIRA
Pastor, Presidente del Consejo Fiscal
de la Convención Catarinense y miembro
del Consejo Administrativo de la CPAD

Esta obra resalta su relevancia por su construcción inteligente, así como por su fundamentación bíblico-teológica, y, también, por su enfoque reflexivo y desafiante que impactará nuestra visión acerca de la misión profética del cristiano. Este libro es de lectura imprescindible para aquellos que desean pasar por la historia dejando las marcas de sus huellas en la construcción de la historia del Reino.

—JESIEL PAULINO
Pastor, teólogo, educador, coordinador
del Área de Proyectos Jóvenes de
la Sociedad Bíblica de España

CONTENIDO

DEDICATORIA

A mi esposa Fiona, madre ejemplar y compañera fiel en el ministerio, con quien he compartido el precio de las decisiones propias de la visión dada por Dios. A mis hijos: Ezequiel, Juan Mateo, Carlos, Felipe y Sara; ellos son fruto de lo prometido por Dios y compañeros inseparables de una ruta visionaria a la que han sabido responder como hijos ejemplares. Al Dr. Jesús Caramés, quien ha sido estímulo fiel para escribir la tesina de mi licenciatura, base del presente libro. Al amigo, maestro Jesiel Paulino, quien ha sido constante y sincero en animarme a escribir sobre la visión profética. A cuantos durante años de trayectoria ministerial hemos compartido el sentir de hacer de la Palabra de Dios nuestra máxima fuente visionaria y profética.

Juan Carlos Escobar
Madrid, otoño de 2015

PRÓLOGO I

La obra *Buscadores de visión - Afirmando la necesidad de visión profética para los creyentes del siglo XXI* de Juan Carlos Escobar Carrasco es un estudio sobre la cuestión del futuro para el cristiano de hoy. Dios se reveló a sí mismo en las Sagradas Escrituras como Ser personal e inmanente, de entre los varios atributos comunicables e incomunicables, en ellos él actúa, galardona y castiga; siente, ama y odia; piensa y razona; advierte, juzga y se comunica con sus criaturas inteligentes. Él no dejó al ser humano a la deriva en el mar de la vida y su voz suena en la tierra desde la creación de Adán hasta los días actuales. El pecado apartó a toda la raza humana de su Creador, pero él nunca la abandonó, proveyó medios para continuar la comunicación interrumpida por la Caída en Edén. Cuando Adán y Eva pecaron trataron de esconderse de su presencia: "Y oyeron la voz de Jehová Dios que se paseaba en el huerto, al aire del día; y el hombre y su mujer se escondieron de la presencia de Jehová Dios entre los árboles del huerto" (Gn 3.8). Del propio Dios surgió la iniciativa de comunicarse con Adán y Eva, aún después de haber pecado y nunca dejó de mantener contacto con sus descendientes, los seres humanos: "muchas veces y de muchas maneras" (Heb 1.1).

La forma de la comunicación divina varía de acuerdo con cada dispensación, pero él nunca dejó de manifestarse a sus siervos a lo largo de la historia de su pueblo. El Salmo 19 afirma que él habla de manera silenciosa, por las cosas creadas, por la Palabra y por el testimonio personal de los creyentes. Dios ordenó a Moisés que construyera el tabernáculo en el desierto de Sinaí porque quería habitar en medio de los hijos de Israel: "Y harán un santuario para mí, y habitaré en medio de ellos" (Ex 25.8). Él nunca estuvo solo, desde la eternidad pasada, las tres personas de la Santísima Trinidad se relacionaban y se comunicaban entre sí.

Los agentes usados por el Creador, en el Antiguo Testamento, en la comunicación de su Palabra al pueblo, en Israel, son generalmente llamados en la antropología moderna "mediadores". Son ellos los sacerdotes y los profetas: de Dios para el ser humano y del ser humano para Dios; este contacto es hecho, a veces, en una sola dirección por el mismo Dios con el intermedio del "ángel del Señor", que es el mismo Dios de Israel. Él mismo se hizo hombre siendo en sí mismo la plenitud de la revelación divina. Los apóstoles concluyeron los oráculos proféticos de modo que el canon bíblico se cerró y nada más nos falta, la Biblia es completa.

Después de cerca de 400 años de silencio profético aparece Juan el Bautista, el último profeta del Antiguo Testamento, que cierra la sucesión profética iniciada por Moisés y Aarón y recibe la noble encomienda de preparar el pueblo para recibir al Mesías y, también, presentarlo a la nación de Israel (Lc 16.16; Mr 1.2;

Jn 1.31). Era el fin de una era y el inicio de otra para Israel y para todas las naciones.

Tanto en Israel, en los tiempos del Antiguo Testamento, como en la Iglesia, siempre existieron los malos intérpretes de los oráculos divinos: los falsos profetas y los falsos apóstoles. Las incertidumbres de la vida y la inseguridad sobre el futuro, tanto los grandes proyectos como las pequeñas cosas del día a día y los demás problemas humanos acompañan a los seres humanos desde el umbral de la Historia. ¿Cómo encontrar solución para todo eso? Otro punto importante es saber la verdad absoluta, ¿cómo saber la voluntad de Dios y cuál debe ser la actitud de las personas en el hogar, en el trabajo y en la sociedad? Sumado a todo eso todavía existe el apasionante interés por lo sobrenatural y por las cosas futuras. Son temas que ni la filosofía en el pasado dio cuenta y ni aun la ciencia moderna posee la respuesta para todo eso. El evangelio es la solución, sin embargo, muchos buscan respuestas en las prácticas ocultistas, que hoy son un atractivo para personas de los más diversos segmentos sociales.

Aquí, el autor defiende que el ser humano de hoy tiene las mismas necesidades del ser humano del período del Antiguo Testamento, es natural que quiera estar seguro en cuanto a los eventos futuros. La consulta a los adivinadores, desde el pasado, es práctica ordinaria a fin de garantizar el cumplimiento de los proyectos y sueños conforme cada uno desea. Valiéndose de las limitaciones del ser humano, muestra que, aun cuando sea usada por Dios, la persona está sujeta a tentaciones. El profeta cuando va a transmitir el mensaje divino, por ejemplo, aprovechando de su posición de poder, puede añadir palabras a lo que Dios le dijo.

El autor alerta que es fundamental para el cristiano del siglo XXI dejar que la Palabra de Dios produzca una visión del futuro en su corazón. Aun siendo siervo del Señor, es importante estar atento para no dejarse llevar por los propios intereses y, así, desviarse del camino divino.

En sentido general define visión como la capacidad de anticipar el futuro, es tener un comportamiento activo de forma que pueda vencer las barreras y conquistar el porvenir. En el mundo corporativo, una de las maneras en que se mide el éxito es por la toma de acción en el presente teniendo en vista una anticipación del futuro, generalmente esta acción es creativa. Cuando el visionario sirve al Señor, sin embargo, su manera de actuar y sus motivaciones para alcanzar los resultados son diferentes. Eso porque el poder de Dios en su vida le permite que entienda las circunstancias y vea más allá de la situación presente.

En la Biblia, él explica que visión es medio de comunicación, es como Dios presenta sus planes y se revela al pueblo por medio de la Palabra. La creación se torna posible porque la Palabra de Dios tiene intención o propósito, es la Palabra que permite que lo invisible pueda ser visto, que revela lo que no se ve. Dios da la sensibilidad espiritual para ver el mundo, por tanto, tener visión es comprender los eventos que ocurren a su alrededor y tomar decisión de modo que pueda favorecer no solamente a sí mismo sino también al prójimo.

Finaliza con una enseñanza sobre la importancia de vivir en la presencia de Dios, ser sensible a la voz divina. Tener una rutina apegada a los patrones meramente humanos significa no entender los propósitos de Dios para el uso de una vida plena, por eso el cristiano debe buscar la visión que viene de los cielos.

Esequias Soares

Pastor, Escritor, Jundiaí, SP

26 de septiembre de 2015

PRÓLOGO II

"Recorred las calles de Jerusalén, Y mirad, e informaos, y buscad por sus plazas, Si podéis hallar un hombre, Si hay uno solo que haga justicia, Que busque la verdad, Y Yo la perdonaré."

Jeremías 5:1 (LBT)

Incluso en los tiempos del Antiguo Testamento, cuando supuestamente todo lo relacionado con Dios se gestionaba a través de las disposiciones mosaicas, encontramos perlas como esta. En un mundo implacable gobernado por la Ley del Talión, el famoso *"ojo por ojo y diente por diente,"* Dios hace una declaración sorprendente a través de su profeta: el perdón existe. Nadie lo ve aún pero ya es un atisbo de gracia, una rosa en el desierto y no es la única, por cierto. Habida cuenta de la incapacidad humana para satisfacer las demandas de Dios, Él está dispuesto a tener misericordia del hombre con tal que este responda a la inquietud que el Creador plantó en su corazón, y decida buscar la verdad.

Conocer la verdad es esencial para ser libres, lo dijo Jesús en Juan 8:32. Pero hay que ser un buscador porque el acceso a la verdad no es automático, no es ningún gen que traigamos incorporado al nacer; al contrario, hay demasiados fuegos fatuos y distracciones en el camino que nos alejan de la verdad. Para encontrarla y ser verdaderamente libres es necesario perseguirla insistentemente. Fue Jesús también quien dijo: *"buscad y hallaréis... porque todo aquel que busca, encuentra"* (Mateo 7:7-8).

Así que BUSCADORES DE VISIÓN, pero ¿de qué visión hablamos? No cualquier visión. Lo que Juan Carlos Escobar propone en este libro es la búsqueda de lo genuino. Porque tampoco es cualquier verdad la que nos hace libres. Solamente la auténtica, la que Dios nos ha revelado en y a través de Jesucristo... Él es *"el camino, la verdad y la vida"* (Juan 14:6). Él es también la expresión verbal de Dios, el *logos*, la Palabra (Juan 1:1), y esto es fundamental al aproximarnos a un tema tan delicado como las revelaciones: tener siempre como referencia la Palabra bendita y eterna de Dios. Así lo expresa el mismo apóstol Pedro (2 Pedro 1:17-19), quien habiendo presenciado en vivo el milagro de la transfiguración de Cristo, y habiendo oído con sus propios oídos aquella voz de lo alto, aún así se sigue apoyando en las Escrituras y las señala como autoridad última y definitiva sobre cualquier otro tipo de revelación.

Por lo tanto, no es un tema sencillo. Cuando abordamos algo tan discutido como las manifestaciones y visiones espirituales, siempre corremos el riesgo de caer en los extremos. Por un lado está esa propensión a perseguir de manera enfermiza encuentros en la tercera fase o mensajes extrasensoriales en cada esquina, como si la vida cristiana consistiera exclusivamente en experiencias místicas. En una época orientada exageradamente hacia lo emocional es muy fácil dejarse llevar por los excesos y las excentricidades que algunos venden como visión auténtica e imprescindible para un cristiano, olvidándose de la obediencia sencilla a lo que nos ha sido revelado en la Biblia. Pero el otro extremo consiste en la negación absoluta, o incluso la demonización, de cualquier revelación espiritual espontánea, como si Dios no tuviera la prerrogativa de hacer lo que Él quiera, cuando y como quiera (Salmo 135:6), incluso hablar a sus hijos y comunicarse con ellos para edificarles, consolarles o exhortarles, tal y como lo dice su Palabra en 1 Corintios 11:4. Este tipo de revelación es real, auténtico, y en muchas ocasiones provee exactamente lo que el cristiano estaba necesitando en el momento preciso. Y no hay nada en la Biblia que sugiera que Dios no tenga el poder o la intención de bendecirnos con visiones y revelaciones necesarias para este tiempo, del mismo modo que lo hizo en Hechos 11:28 revelando a través del profeta Agabo que vendría una gran hambre sobre la tierra, cosa que sucedió en tiempos de Claudio; o como avisó a Pablo a través de este mismo hombre en Hechos 21 de lo que le sucedería en Jerusalén; o como la visión de Ananías en Damasco (Hechos 9:10), o la del varón macedonio (Hechos 16:9), o la de Cornelio (Hechos 10:3) entre otras, todas ellas revelaciones espirituales que se dieron en el Nuevo Testamento y sirvieron para bendecir a la Iglesia de Jesucristo. El reto es distinguir lo auténtico de la farsa.

Cualquier iluminado podría dedicarse a escribir de estas cosas movido por alguna experiencia concreta, pero para hablar de ello con propiedad es imprescindible cierto bagaje en el tiempo que provea la proporción adecuada y la estabilidad, sin las cuales el mensaje no es creíble. Juan Carlos Escobar combina ese peso específico con la sencillez de un niño, sin perder la travesura en la sonrisa ni el espíritu incansable del buscador que sigue siendo a día de hoy. Además de un siervo de Dios, es un buen amigo y compañero en el ministerio. "Entregó su vida a Jesucristo a la edad de 17 años y, desde entonces, siempre ha seguido pastoreando y plantando distintas iglesias en distintas partes del territorio español, además de realizar la labor de evangelista dentro del país y en distintos lugares del mundo desde el año 1992." Actualmente es el presidente de la FADE (Federación de Asambleas de Dios de España), tarea que combina con el pastoreo de la iglesia Sendero de la Cruz, en Madrid. Con razón resoplaba hace unos días cuando nos sentamos juntos para compartir sobre algunas inquietudes doctrinales mientras tomábamos un café. Demasiado trabajo para una sola persona. Sin embargo, en mi opinión, lo que le convierte en una voz autorizada para abordar este tema con solvencia no tiene que ver con los cargos que ostenta, sino con la trayectoria de fidelidad, equilibrio y perseverancia que uno puede observar a lo largo de su vida. Es sin duda un recorrido ejemplar que nos inspira y sirve de referencia a muchos.

Por todo ello, considero que este libro es un estudio serio, y además totalmente fundamentado en la Palabra de Dios, para todos aquellos que desean seguir la verdad sin tergiversaciones. Una exposición sencilla que nos sitúa ante el origen de lo verdadero y lo falso, el trasfondo histórico y la realidad actual, los sucedáneos y la auténtica fuente. En pocas palabras, el equilibrio en un tema tan controvertido y actual como este.

Es mi deseo y oración que todos los buscadores de la verdad encuentren en este escrito una guía que les ayude a permanecer en el camino, diferenciando el error de lo auténtico. Si es así, el libro cumplirá su propósito. Muchas gracias, Juan Carlos.

Marcos Vidal
Pastor, salmista

INTRODUCCIÓN

La gran demanda de los buscadores de visión y profecía nunca antes ha sido tan favorecida, o tal vez tan amenazada, por la gran oferta de información y recursos propios de nuestra contemporaneidad.

Gracias al Internet, la necesidad de lo visionario y lo profético puede ser satisfecha para el inquieto explorador en busca de revelación desde cualquier parte del planeta. En cualquier aeropuerto del mundo se puede suplir una buena dosis de consejería, ya que es fácil encontrar libros de autoayuda para la superación personal o para ser líderes exitosos ante la voraz competitividad de nuestra posmodernidad. Por medio de la televisión se nos abren las puertas a propuestas ministeriales a la carta que, con sus deslumbrantes ministros de actualidad, siempre tendrán una "palabra reveladora" para los anhelantes buscadores de una visión o una profecía.

Lo que resulta cierto es que, a lo largo de la Historia, la fuerza del cristianismo genuino ha sido preservada gracias al ministerio visionario y profético. Desde los albores del cristianismo, pasando por los padres de la Iglesia, durante el milenio de oscurantismo medieval y desde el impulso de la Reforma hasta nuestros días, el ejercicio del ministerio profético ha sido determinante para sostener el baluarte de la verdad frente a las insistentes tendencias inquisitoriales, racionalistas, legalistas y tradicionalistas que pretendieron estrangular la vitalidad de una fe basada en el fundamento de la Biblia. Ante la historia de la Iglesia, nadie puede cuestionar la importancia de la influencia de la revelación divina sobre los que fueron profetas indiscutibles de la Reforma, y de los avivamientos que contribuyeron a una permanente y genuina reforma de la Iglesia para incidir en la transformación del mundo.

Transcurridos los primeros compases del siglo XXI, y después de más de cien años del avivamiento de la calle Azusa, podemos afirmar que la Iglesia en el mundo ha experimentado una revolución global sin parangón desde la Iglesia de los tres primeros siglos de su historia. El derramamiento del Espíritu Santo de principios del siglo XX propició el afianzamiento de la experiencia y doctrina sobre el bautismo del Espíritu Santo que tan marginada y perseguida fue durante cientos de años por la Iglesia Institucional.[1] Este derramamiento del Espíritu Santo ha propiciado, además de todo lo relacionado con los cambios de las prácticas y liturgias, las manifestaciones de los dones espirituales, las señales y los milagros, el resurgir del ejercicio profético y visionario. Con todo, si bien la praxis profética ha marcado en forma vital el destino de la Iglesia y sus ministerios, también es cierto que algunos enfoques o modos de interpretar el concepto profético y

1 En referencia a la ICR como a iglesias e instituciones del espectro protestante, reconocidas como "conservadoras"

visionario merecen ser revisados a la luz de la enseñanza bíblica con el fin de afianzar y promover la búsqueda de la revelación divina y, a su vez, salvaguardar el desempeño ministerial y la fe de los creyentes de influencias que confundan o perjudiquen la apertura a la necesaria e indispensable experiencia profética.

En suma, por medio de la exposición de este escrito quiero proponer lo que puede ser considerado un breve análisis deontológico sobre el desempeño profético, al tiempo que una exhortación en cuanto a la urgente necesidad de normalizar la visión profética como parte de la vida cristiana y, por supuesto, advertir sobre algunos peligros latentes en la Iglesia del siglo XXI en cuanto al tema que nos ocupa.

A través del desarrollo de esta producción literaria se ofrece una breve pero contundente introducción en cuanto a la relación entre palabra y visión, como una unidad compuesta de la revelación experimentada por los profetas para conocer a Dios, recibir su llamado profético y captar su mensaje. De igual modo, esta dimensión profética hace que los profetas se conviertan en verdaderos interlocutores ante Dios como alternativa genuina y única, que contrasta con los mediadores existentes ante los múltiples espíritus o divinidades propias de las prácticas paganas y politeístas.

Después de una necesaria mirada retrospectiva, desarrollo otro relevante elemento constitutivo del tema apreciado, que es el discernir cómo la visión ha de convertirse en algo ordinario en la vida de las personas y no una mera experiencia mística extrasensorial, o como una vivencia solo reservada para algunos pocos personajes específicamente escogidos por Dios que, en realidad, acaban siendo unos visionarios oportunistas ante la crisis o las necesidad de las personas. Por ello, una comprensión clara de lo que es el concepto de visión y de cómo esta puede hacerse real en cada creyente, como siervo escogido por Dios, hará que muchos de los excesos y desviaciones propias de nuestros días no acaben desnaturalizando o manipulando el uso de la palabra profética, que siempre vendrá como revelación para darnos una visión clara de Dios, de nosotros mismos y de las circunstancias propias del momento.

Una vez identificada la visión como parte de la experiencia cotidiana de cada persona, el presente tratado dirigirá su atención al cómo se engendra la visión en la vida de un individuo, y cómo Dios usa momentos específicos para forjar en todo creyente una perspectiva profética que haga posible que el enfoque de su vida o ministerio acabe siendo propio del foco de una visión. De igual forma, ha de quedar en evidencia la realidad de que no siempre que se es portador de una visión viene a ser garantía de ausencia de conflictos. De hecho, quien porta una visión de Dios, normalmente participa de un proceso en el que es puesta a prueba en su fe en lo que Dios ha prometido que hará y en su fidelidad al mensaje recibido hasta esperar que pase la noche y llegue el ansiado amanecer que, indefectiblemente, será el tiempo del cumplimiento del mensaje engendrado y de la visión creída.

Definitivamente, quiero insistir al lector sobre la necesidad de discernir entre las ideas sutiles que trabajan en la mente del hombre moderno, producto de la exigente presión desmedida de éxito, y lo que es una correcta visión impartida por Dios a través del mensaje de su Palabra. No saber discernir ciertos enfoques visionarios ha resultado en que muchos cristianos vayan tras proyectos ambiciosos o ilusorios que han acabado dañando sus vidas, familias y ministerios. Con todo, la Iglesia no puede renunciar a potenciar su identidad visionaria y profética. Más bien, todo lo contrario, con toda determinación debe tomar el lugar que le corresponde haciendo resplandecer la luz propia de su esencia[2] en medio de una sociedad patética y enferma de un humanismo que, en el ocaso de la Historia, pretende afianzarse como el mayor de los peligros que amenaza al cristianismo. Por consiguiente, definitiva y contundentemente, ante un mayor abuso o desuso del ámbito de la revelación divina, corresponde que se manifieste una urgente acción profética y visionaria en la Iglesia fruto de la revelación íntima del único Dios verdadero, que ama a la humanidad y desea rescatarla del caos propiciado por la visión rebelde del enemigo de la salvación del hombre.

2 "Vosotros sois la luz del mundo; una ciudad asentada sobre un monte no se puede esconder... Así alumbre vuestra luz delante de los hombres, para que vean vuestras buenas obras..." (Mateo 5:14-16).

1

EL OFICIO DE PROFETA

Al acercarnos al oficio del profeta, hallaremos una estrecha relación entre la palabra y la visión. Es indivisible la función de ser vidente y portador de la palabra. El profeta siempre será visionario, ya que en el desempeño de su labor hará que los receptores de su mensaje alcancen una comprensión divina del presente y, a su vez, hará que perciban el futuro sin la incertidumbre que ocasiona el devenir de quienes ignorando la profecía viven ajenos a los designios de Dios y, por tanto, se convierten en títeres de las circunstancias temporales o, lo que podría ser peor, acaban siendo víctimas de la manipulación de los multiformes oráculos de falsos profetas o iluminados de turno.

Para una mayor comprensión de esta relación entre profeta y vidente, haré referencia a tres términos hebreos que se refieren, en forma especial, al profeta en el Antiguo Testamento. Aunque, con más dedicación, me referiré al que quizás resulte el más importante: el vocablo *nabbi*. Este término, comúnmente se traduce como "profeta" más de 300 veces en las Escrituras hebraicas. La idea básica del significado de *nabbi* es: "alguien que habla en lugar de Dios;" el *nabbi* ineludiblemente ha sido establecido para transmitir el mensaje de Dios.

El ejemplo de Moisés y Aarón

Para afianzar el sentido de este término, podemos aludir a algunos pasajes ejemplares. El primero que referiré trata del momento en que a Aarón se le denomina profeta de Moisés y, a su vez, Moisés sería dios para Faraón (Éxodo 7:1). Este texto queda perfectamente entendible cuando, después de muchas objeciones a Dios por parte de Moisés, en cuanto a su capacidad de hablar, Dios pone "por boca" de Moisés a su hermano Aarón diciendo: "Y él hablará por ti al pueblo; él te será a ti en lugar de boca, y tú serás para él en lugar de Dios" (Éxodo 4:16). Así de esta forma, podemos decir que Aarón se convertirá en una especie de reproductor o replicador de la voz que originalmente recibe Moisés directamente de Dios, sin que ello comporte sesgar en lo más mínimo el sentido original del mensaje. De manera que la pureza del mensaje queda garantizada por la fidelidad de Aarón a Moisés y de él a Dios, por lo cual, no hay fisura posible en la transmisión del mensaje.

Consiguientemente, en este ejemplo hallamos la expresión más sencilla para describir la función del profeta: "el que habla en lugar de otro." Esto implicaba que Aarón no podría ceder a ningún tipo de chantaje o presión por parte de Faraón para ser intimidado, ni tampoco debería mostrar presunción alguna ante el espacio de privilegio que ocupaba como vocero del profeta de Dios; cuando se trata de ser mensajero de Dios, el énfasis está en ser fiel a lo que Dios dice y no ir tras lo que circunstancialmente demanda la presión del momento al profeta, bien sea por lo que en el momento la sociedad exija o lo que el escenario de incertidumbre acerca del futuro presione al vocero de Dios para que diga. El compromiso del mensajero con la palabra es directamente proporcional a la fidelidad del mensajero con Dios.

Precisamente, en esta primera acepción, ya podemos hacer una comparación del ejercicio de profeta en su esencia más pura, representado por Aarón y Moisés, con lo que en tantas ocasiones viene a ser la escasa representatividad de la práctica del profetismo actual por causa de quienes, llamándose profetas, convierten en un chascarrillo la práctica profética que en muchas ocasiones viene a ser propia del juego de escenarios oportunistas ante personas que buscan ser complacidas en forma caprichosa o, lo que es peor, cuando el mensajero acomoda el mensaje al interés propio, sea cual sea la razón que lo sustente. Lamentablemente, estamos hablando de una práctica propia de unos tiempos claramente reflejados en lo dicho por el apóstol Pablo al mencionar a portadores del mensaje divino que se confabulan o ceden ante una sociedad cuyas gentes tienen "comezón de oír" (2 Timoteo 4:3); es decir, que son dados a querer escuchar según sus propios deseos. Tristemente, esto acaba ocasionando una tendencia común en nuestros días que hace del ejercicio de la proclamación de la Palabra de Dios, sobre todo en sociedades consumistas, una práctica populista o dicharachera que busca complacer a las masas más que hacer valer el mensaje de la verdad de Dios. De hecho, es lamentable que cada vez más asistamos a un consumismo "evangelical" en el que muchos cristianos tienen inclinación a buscar lo que les hace sentirse bien y no tanto lo que complace a Dios. Lo que expreso es perfectamente comprobable cuando el ser popular ha convertido a muchos mensajeros en profetas de comercio, pagan para ser oídos, y cobran para ser escuchados.

Nabbi, una voz que sustenta

Un segundo pasaje ejemplar para comprender el término *nabbi* se halla en Deuteronomio 18:15-22. Está en referencia a la promesa dada a Moisés en cuanto al profeta que Dios levantará en lugar de él, y en contraposición a las distintas formas de adivinación que son mencionadas en los versículos anteriores. Dios es contundente cuando advierte al pueblo de marcar una línea de separación radical ante las naciones que poblaban la tierra prometida. La razón que sustenta la contundencia divina de no mezclarse con las naciones paganas estriba en su devoción a una religión perversa y una idolatría alimentada por la voz de los mismos demonios, expresada por los adivinos de la tierra que traerían como consecuencia última desviar al pueblo de la verdadera adoración y, por tanto, a la obediencia a los designios divinos (Deuteronomio 7:4)

Todos los dioses de la tierra prometida rendían culto a distintas divinidades relacionadas con las fuerzas de la naturaleza, la fertilidad, las cosechas y la prosperidad. La visión de futuro de estas naciones estaba condicionada por la superstición ligada a una videncia de ultratumba, e impregnada de un temor terrible a los dioses que hacía que las personas quedasen atadas a pactos que incluían sacrificios crueles, bestiales y promiscuos que ponían un alto precio a la prosperidad y a la supuesta salvación de sus practicantes. Frente a este politeísmo propio de estas naciones paganas, Dios desea que su pueblo se desmarque de estas prácticas dando culto al Dios único y verdadero, quien mediante su Palabra ha marcado el destino y la visión de un pueblo escogido por amor y no por ser mejor que los demás pueblos de la tierra. Dios desea que su pueblo no se olvide de la relación directa existente entre la prosperidad y la fidelidad a la Palabra. Justamente, Dios declara que la palabra del *nabbi* será la que sustente al pueblo y no el pan que procede de la tierra, el cual es fruto de la bendición del cielo. "Y te afligió, y te hizo tener hambre, y te sustentó con maná, comida que no conocías tú, ni tus padres la habían conocido, para hacerte saber que no sólo de pan vivirá el hombre, mas de todo lo que sale de la boca de Jehová vivirá el hombre" (Deuteronomio 8:3; comp. Mateo 4:4). Definitivamente, la palabra que sale de la boca de Dios alimentará a quien en ella confía, y esa palabra se convertirá en una visión centrada sobre los principios y valores divinos expresados en sus mandamientos. El profeta, por tanto, tiene la ingente tarea de hacer que el pueblo no olvide quién ha sido su sustento y quién será garantía de un futuro de provisión. No cabe duda alguna de que esta concepción de la palabra provee una visión marcada por una total dependencia de la provisión divina en contraposición con la superstición idolátrica en todas sus formas y la soberbia de quienes, olvidándose de Dios, acaban considerando que sus fuerzas y su sabiduría les ha dado lo que tienen (véase Deuteronomio 8:11-14).

En esta misma línea, otros pasajes que claramente exponen el significado de *nabbi* los encontramos en relación con Isaías: "Anda, y di a este pueblo" (Isaías 6:9). También a Jeremías le dice el Señor: "A todo lo que te envíe, irás, y dirás todo lo que te mande" (Jeremías 1:7). A Ezequiel, Dios le dice: "Yo te envío a los hijos de Israel… y les dirás" (Ezequiel 2:3-4). De esta forma, atendiendo a la sucesión profética demandada por Dios y anunciada por Moisés en el capítulo 18 de Deuteronomio, vemos que se mantiene la esencia del *nabbi* en los profetas del Antiguo Testamento. El verdadero profeta debe abrirse camino ante quienes vendan los ojos con vendas mágicas que provocan una visión distorsionada de Dios, y hacen de la provisión una moneda de cambio al ofrecer puñados de cebada y pedazos de pan para ser cazados al vuelo tras una visión vana (Ezequiel 13:17-23).

Abundando en este concepto de *nabbi,* dicho vocablo se complementa perfectamente con la raíz del término, *nabha,* que significa "burbujear o fluir." Por tanto, profetizar conlleva la idea de hablar siendo impulsado por el fluir de una fuente interior que burbujea, o salta. Como dijo Jesús: "el que cree en mí, de su interior correrán ríos" (Juan 7:38), haciendo referencia al Espíritu Santo que habrían de recibir los que creyesen en Él. Por lo cual, el énfasis de la plenitud en el Espíritu Santo tiene una connotación profética: hacer brotar de dentro hacia fuera el mensaje dado por Dios. Las palabras de Jesús están dirigidas a quienes están sedientos y necesitan ser sustentados.

Pero, al mismo tiempo, quienes son receptores del Espíritu Santo no tienen necesidad de buscar su sustento fuera de la fuente, del manantial. Jesús dijo a la mujer de Samaria: "mas el que bebiere del agua que yo le daré, no tendrá sed jamás; sino que el agua que yo le daré será en él una fuente de agua que salte para vida eterna" (Juan 4:14). Si esta es una clara referencia al derramamiento del Espíritu Santo, es evidente que todo creyente lleno del Espíritu Santo ha de ser *nabbi*; su vida ha de ser un constante burbujeo de vida, palabra y visión que marcará la diferencia en medio del sequedal.

Así es como también el profeta Jeremías se refiere al pueblo que, abandonando la fidelidad al mensaje profético, se aparta de la verdadera fuente y decide buscar sustento cavando para sí mismo cisternas quebradas e impotentes para garantizarle un futuro de provisión. Sin embargo, el agua que pretenden acumular no puede ser retenida (Jeremías 2:13), por lo que vienen a sequía, pobreza y esclavitud a los poderes usureros que manejan la provisión y hacen un mal reparto de las riquezas en el mundo, generando injusticia y miseria en las naciones. Las potencias idólatras siempre han manejado la provisión injustamente, y el pueblo de Dios cuando se aparta del mensaje divino no queda exento de ser víctima de la usura y de una visión condicionada por la necesidad. Así es como Israel generaría alianzas equivocadas con naciones que la desviarían de la verdadera adoración y del sentido de ser pueblo para convertirse en esclava de quienes les ofrecían sustento a cambio de su subordinación.

Definitivamente, podemos afirmar que siempre que el pueblo de Dios se aparta de la fidelidad al mensaje, pierde la visión. También, que siempre que el profeta es infiel al mensaje, desvía la visión y hace perecer al pueblo. Que siempre que una visión está condicionada por el sustento o la necesidad, este tipo de visión empobrece la visión. Nunca olvidemos que, siempre, la palabra sustentará a la visión y la visión sustentará al mensajero y a quien reciba la palabra del mensajero. Hay recompensa de profeta para quien recibe al mensajero fiel a la profecía (Mateo 10:41).

Viendo y haciendo ver lo que Dios dice

Pero quisiera hacer referencia a otros dos términos para profeta, traducidos como "vidente." Uno es *ro'eh*, y el otro es *hozeh*. Se usan mucho menos que el término principal *nabbi*. La palabra hebrea *Ro'eh* aparece en un total de doce ocasiones, y *hozeh* es utilizada dieciocho veces; la raíz de ambas destaca el significado de "ver." Por tanto, la idea fundamental que quiero señalar consiste en la capacidad que se le otorga al profeta para poder visualizar la voluntad de Dios. Esto presupone un enfoque revelacional en cuanto a la capacidad del profeta de escuchar la voz de Dios. Por consiguiente, lo opuesto a esta capacidad de ver vendría a ser la ceguera, propia de quien teniendo ojos no ve, ya que se trata del ámbito de lo oculto a los sentidos humanos y se hace imprescindible que Dios descorra el velo del mundo espiritual y se dé a conocer.

Podemos observar que, en 1 Samuel 9:9, se dice expresamente: "Al que hoy se llama profeta, entonces se le llamaba vidente." La idea es que quien, en tiempos de Samuel, era llamado 'vidente' (ro'eh) vino a ser llamado 'profeta' (nabbi) cuando fue escrito el primer libro de Samuel. Sin embargo, es importante considerar que el uso de la palabra no cambió la función del profeta. Lo que sí podemos deducir es que, si bien *ro'eh-hozeh* se refería a la recepción del mensaje, el término *nabbi* se enfocaría en la comunicación del mensaje.[3] Por tanto, se trata de una misma

---

3 WOOD, Leon J. *Los Profetas de Israel,* Michigan: Outreach Publications, 1979, pp. 59-64.

función profética basada en la importancia de la fidelidad tanto en la recepción del mensaje como en la transmisión del mismo.

Los dos énfasis de los términos aludidos nos invitan a reflexionar sobre la pulcritud necesaria para que el profeta sea hilo conductor, sin espurias, de la voz divina. De hecho, Dios advierte que dará cuentas el profeta que hable con presunción en su nombre hasta el punto de llegar a ser un error fatal que le costará la muerte: "Mas a cualquiera que no oyere mis palabras que él hablare en mi nombre, yo le pediré cuenta. El profeta que tuviere la presunción de hablar palabra en mi nombre, a quien yo no le haya mandado hablar, o que hablare en nombre de dioses ajenos, el tal profeta morirá" (Deuteronomio 18:19-20). Precisamente estas palabras de Deuteronomio son dirigidas por Moisés en el contexto de mostrar a Israel la necesidad del profeta para que el pueblo no se desvíe tras las palabras de los encantadores, adivinos, magos o agoreros propios de las naciones. Pero lo interesante, dentro de lo que venimos diciendo, es que Moisés se muestra como profeta ejemplar para ofrecer una garantía del verdadero profetismo: "Profeta de en medio de ti, de tus hermanos, como yo, te levantará Jehová tu Dios; a él oiréis". "Y nunca más se levantó profeta en Israel como Moisés, a quien haya conocido Jehová cara a cara" (Deuteronomio 18:15; 34:10). Este nivel de revelación manifiesto por la expresión "cara a cara" es indicativo de que Moisés fue fiel a Dios en saber llevar a Dios la voz del pueblo, esperar oír la respuesta de Dios en su presencia, y trasladar dicha respuesta como consejo certero al pueblo para que este viva seguro y sea prosperado (Éxodo 18:19-20 comp. 2 Crónicas 20:20).

2

MEDIADORES PAGANOS

Los pueblos antiguos siempre han considerado necesaria la mediación, porque siempre han creído que los dioses tenían la intención de comunicarse con los hombres. Para esa comunicación, ancestralmente se ha creído que los dioses escogían personas específicas para una interposición, que eran lo que hoy en la antropología moderna podríamos calificar de mediadores. Incluso cuando pudiera haber existido una comunicación más directa de parte de lo divino, como en el caso de los sueños, se necesitaba de un especialista que pudiera interpretarlos.

Al analizar al contexto bíblico, observamos que existían mediadores que podrían ser aceptados y otros que suponían un peligro para el destino del pueblo. En el caso de los intermediarios prohibidos, se da a conocer quienes para Israel eran conocidos entre los pueblos como terciarios que prácticamente eran religiosos. En el caso de los filisteos, existían sacerdotes y adivinos (1 Samuel 6:2). Entre los babilonios, se daban los magos, agoreros, adivinos y astrólogos (Isaías 44:25; 47:13; Ezequiel 21:26). En alusión a los egipcios, además de los ya mencionados agoreros o adivinos, se menciona a los hechiceros (Isaías 19:3).

Es evidente que desde el punto de vista social, estos personajes no solo no eran vistos negativamente, sino que eran imprescindibles en la vida cotidiana, política y militar. Todos los componentes de la sociedad eran dependientes de dichos interlocutores ante los dioses para poder orientar el futuro que siempre les resultaba incierto. Por consiguiente, necesitaban saber decidir en torno a sus relaciones, inversiones o guerras. Se trataba de una sociedad impregnada de superstición y espiritualidad. Solo cuando la revelación del Dios uno irrumpe en Israel y revela su ley, es cuando se advierte del peligro de aquellos mediadores que son una amenaza para discernir la verdadera voluntad de Dios.

Israel va a marcar una notable diferencia frente a los mediadores de la época. La religión de Israel denunciará la mediación de estos interlocutores entre Dios y los hombres por considerárseles no válidos:

> No sea hallado en ti quien haga pasar a su hijo o a su hija por el fuego, ni quien practique adivinación, ni agorero, ni sortílego, ni hechicero, ni encantador, ni adivino, ni mago, ni quien consulte a los muertos. Porque es abominación para con Jehová cualquiera que hace estas cosas, y por estas abominaciones Jehová tu Dios echa estas naciones de delante de ti (Deuteronomio 18:10-12).

Con todo, a pesar de la denuncia de esta práctica popular, el Dios de Israel no niega la necesidad de los mediadores. Existen fuertes evidencias bíblicas de que el Señor se había levantado intermediarios autorizados ante el verdadero Dios mucho antes de la llegada de los falsos profetas. Por ejemplo, las Escrituras mencionan a Enoc diciendo:

> De éstos también profetizó Enoc, séptimo desde Adán, diciendo: He aquí, el Señor viene con

> decenas de millares de sus santos, para ejecutar juicio contra todos, y convencer a todos los impíos de entre ellos, de todas sus obras impías que han cometido impíamente, y de toda palabra dura que los pecadores impíos han hablado contra él (Judas 1:14-15).

También nos enseña en Génesis 5:22-24: "Y caminó Enoc con Dios... Caminó, pues, Enoc con Dios, y desapareció, porque le llevó Dios."

Por tanto, resulta evidente que a medida que la civilización posdiluviana corría, se generaron diversas formas de adorar y comunicarse con lo divino, y el Señor tomó la iniciativa de levantar a los intermediarios autorizados. Ellos promulgaban con exactitud la Palabra del Dios verdadero, en contraposición al surgimiento de un politeísmo compuesto de una multitud de dioses que representaban todas las fuerzas de la naturaleza y de los apetitos sensuales de sus seguidores.

> Había dos grandes intermediarios a los que podía acudir cualquier persona: el sacerdote y el profeta. Por otra parte, Dios podía establecer el contacto con nuestro mundo a través de un intermediario misterioso, su 'ángel', que se presenta a quien Dios quiere y de forma imprevisible. Podríamos decir que el ángel es un intermediario en sentido único, desde Dios al hombre, mientras que el sacerdote

> y profeta lo son en los dos sentidos: de Dios al hombre y del hombre a Dios.[4]

Lo que venimos a corroborar es la realidad antropológica de que, por un lado, existe la necesidad innata en el hombre de trascender hasta la realidad de un Ser superior que rige el destino del ser humano y del que resulta imprescindible el conocimiento de su voluntad. Por otro lado, está la indudable realidad de que el mundo espiritual desea trascender en el destino del ser humano y para ello, está la voluntad expresa de darse a conocer.

Definitivamente, la revelación del Dios de la Biblia hará que se marque una gran diferencia en cuanto al mundo espiritual que desea intervenir en la vida del hombre. El mediador que busca enlazar al hombre con la divinidad y el destino consecuente de la práctica religiosa que se lleve a cabo. Esta diferencia ha quedado marcada por milenios en la cultura y tradición de los pueblos hasta quedar evidenciado que no es el mismo destino para el pueblo cuyo Dios es el Señor. Dicha diferencia se acentúa en aquellos pueblos, regidos por dioses o ídolos (incluso disfrazados de santos), que intervienen en la vida privada y pública de las personas que acaban atrapadas por el oscurantismo espiritual propio de la fe desligada de Dios; es decir, la superstición.

Los mediadores, con el paso de los milenios, siguen siendo parte de la vida cotidiana de las personas en la medida que estas no son autosuficientes ni en lo afectivo y, mucho menos, en lo

4 SICRE, José Luis. *Profetismo en Israel.* Estella: Editorial Verbo Divino, 1992. p. 68.

espiritual. Es innato en la vida del hombre la dependencia de oír una voz que le guíe en la búsqueda de su felicidad. Solo que, a diferencia del profeta de Dios, el mediador de cada época no tiene en cuenta la condición espiritual de las personas, solo se preocupa por satisfacer lo temporal y obviar lo verdaderamente trascendente. En realidad, el mediador viene a ejercer una función meramente paliativa de los padecimientos de las personas para satisfacer sus demandas temporales, y elude el llamado diáfano al arrepentimiento ya que la causa capital y trascendental de los males que padece el ser humano es su alejamiento de Dios y, en concreto, el pecado.

3

LA ADIVINACIÓN

Al considerar el tema de *la visión profética,* no cabe duda de que debemos exponernos a la necesidad de analizar la búsqueda de una visión por medio de aquellas personas o medios que puedan facilitar la adquisición de lo que el hombre, por sí mismo, no puede hallar. La falta de visión por parte de las personas les conduce a una búsqueda alternativa de carácter visionario procedente del ámbito divino y que le pueda garantizar éxito de futuro mediante la liberación, en la mayoría de los casos, de los males presentes.

La vida temporal del ser humano gira en torno a cuatro aspectos: salud, dinero, trabajo y amor. Así pues, la felicidad y prosperidad dependerán del éxito que se tenga en alcanzar estos aspectos tan necesarios en la vida. El destino dependerá de cómo se logren hacer reales los sueños o planes, sean más o menos grandiosos. Mantener latente los sueños es propio de quien tiene esperanza y, por consiguiente, disfrutará de una seguridad interna que logrará estabilizar la balanza de sus emociones y pensamientos.

Saber qué hacer es una necesidad propia de la naturaleza humana. En realidad, desde que nacemos somos seres dependientes de dirección. Aun los que logran ser autosuficientes en su manera de proyectarse en la vida, acaban evidenciando que son dependientes del poder anticipar lo que será de ellos ante determinadas decisiones. Así vemos cómo la historia nos recuerda, en muy diversa forma, ciertos acontecimientos que quedaron decantados en razón de la capacidad de "adivinar" el futuro.

Por ejemplo, los generales romanos se valían de consultar las entrañas de sus víctimas antes de entrar en batallas. Esto, además de verse envueltos en toda la aparatosidad propia del panteón grecorromano que inspiraba un grado de misticismo y de ritos de ultratumba extremadamente sombrío. En el caso de muchos ejemplos de la Primera y Segunda Guerra Mundial, se veía a los meteorólogos como "adivinos" para poder decidir el momento de una batalla. Pero ya en la historia reciente, y aún en nuestros días, hasta el más ingenioso y racional de nuestros poderosos empresarios convive con tendencias propias de quienes dependen de la luz que aportan las doce constelaciones y, por ello, la consulta al horóscopo se hace ineludible.

Lo cierto es que desde las edades más remotas hasta el momento de nuestra presente posmodernidad, el hombre no es capaz, por más capacidad lógica y científica que posea, de verse solo ante el abordaje de las incertidumbres de la vida. Todos buscan, de una u otra forma, un mundo distinto a través de los dioses, los espíritus, los santos, las vírgenes, los astros, los brujos, hechiceros o videntes. En cuanto al entorno de Israel, las religiones estaban bien estructuradas, y la mayoría estaban dominadas por la creencia en la influencia de los espíritus de los antepasados que eran quienes podían transmitir una información valiosísima y deseada. Así que la práctica del espiritismo y de los ritos de ultratumba se hace latente desde los comienzos de la existencia del hombre y a partir de que este se separa de Dios.

La palabra latina para adivinación es *divinatio*. Hace referencia al mundo sublime de lo divino. La palabra hebrea *qasam* es la que aparece en la Biblia para describir lo que es adivinar o practicar la adivinación.

> Cognados de este vocablo aparecen en arameo tardío, en cóptico, siríaco, mandeano, etiópico y arábigo, así como la lengua de Palmira. La raíz hebrea aparece treinta y una veces en el texto bíblico: once veces como verbo, nueve como participio y once como nombre. La adivinación era un paralelo pagano de la profecía: "No sea hallado en ti quien haga pasar a su hijo o a su hija por el fuego, ni quien practique adivinación... Porque estas naciones que vas a heredar, a agoreros y a adivinos oyen; mas a ti no te ha permitido esto Jehová tu Dios. Profeta de en medio de ti, de tus hermanos, como yo, te levantará Jehová tu Dios; a Él oiréis" (Deuteronomio 18:10, 14–15: primer uso del término). El término *qasam* se refiere al acto de buscar la voluntad de los dioses a fin de conocer sus acciones futuras o conseguir su bendición para alguna acción propuesta (Josué 13:22). Es posible que los adivinadores conversaran con demonios (1 Corintios 10:20). En ciertos casos, la práctica de adivinación involucraba ofrendas y sacrificios sobre un altar a la divinidad (Números 23:1ss). A través de un hueco en la tierra, el adivinador se comunicaba también con los muertos

(1 Samuel 28:8). O sacudía saetas, consultaba ídolos domésticos y estudiaba los hígados de animales muertos (Ezequiel 21:21).[5]

Formas de adivinación

Centrándonos en el entorno bíblico, podemos analizar resumidamente formas de adivinación que se enmarcan en dos grandes bloques: la derivada de medios técnicos o externos (arena, fenómenos de la naturaleza, vísceras de sacrificios...), y aquellas formas más propias de la clarividencia o del chamanismo que se ejercita en estado de arrobamiento.

Algunas de esas formas las describimos con el fin de atender a ciertas prácticas que con el paso de los siglos se han ido diluyendo o filtrando en el cristianismo popular y que han acabado siendo aceptadas por el sistema institucional. Es decir, a medida que el cristianismo costumbrista y populista se ha ido implantando en distintos espacios geográficos, forja tradiciones sin derrocar las costumbres de los pueblos. Por el contrario, por medio del sincretismo religioso y cultural, los pueblos "cristianizados" ven mantenidos sus ritos ancestrales y supersticiosos que van a facilitar la asimilación de la nueva religión.

La Rabdomancia: Práctica de arrojar palos o flechas que al caer daban a entender ciertos presagios en función de la posición adoptada en su caída (Ezequiel 21:21).

5 VINE, W.E. *Diccionario Expositivo*. Editorial Caribe, 1999. p. 20.

Los Terafines: Una práctica ocultista basada en imágenes posiblemente de pequeño tamaño de fallecidos a los que se les consultaba (1 Samuel 15:23; Ezequiel 21:21; Zacarías 10:2).

La Hepatoscopia: De nuevo, en Ezequiel 21:21 vemos otra práctica común de la época: observar el hígado e incluso otras vísceras para deducir alguna forma de mal.

La Necromancia: Esta forma de adivinación es una consulta a los fallecidos por medio de un médium poseído por un espíritu familiar. (Deuteronomio 18:11; 1 Samuel 28:8; 2 Reyes 21:6; Levítico 19:31; 20:6; Isaías 8:19-20; 1 Crónicas 10:13).

La Astrología: La contemplación de los astros y planetas; sus movimientos y las constelaciones que conformaban y predecían el futuro (Isaías 47:13; Jeremías 10:2).

Los Sueños: No existe referencia directa a que alguien buscara adivinación por sueños. Sin embargo, se hace referencia a ello en relación con los falsos profetas.[6]

Analizando ciertas prácticas en torno a la adivinación podemos determinar que era, y es, lo opuesto o sustituto de la visión profética. La razón es que el ser humano buscaba conocer y controlar el mundo y el futuro dejando de lado al Dios verdadero en contraposición con lo que era una verdadera sumisión a la soberanía de Dios (Deuteronomio 18:14).

Más complejo resultará cuando la adivinación y la profecía se convierten en una práctica sincretista que es propia de nuestra sociedad, pero que ya se gestó en los tiempos de Israel. Esto lo vemos en el caso de Balaam, que teniendo fama entre los paganos,

---

6 DOUGLAS, J.D. *Nuevo Diccionario Bíblico,* Quito: Ediciones Certeza. p. 18.

también él reconocía al Dios de Israel (Números 22:18). Él aceptó dinero por sus servicios y dando un mensaje "a la carta." No obstante, Dios lo confronta y cambia de actitud aceptando la comisión dada por Dios (Números 22).

El profetismo y la adivinación

Ya hemos podido ver cómo la adivinación se hace imprescindible para el hombre de cara a poder percibir los acontecimientos futuros y que no son perceptibles mediante formas naturales o normales.

En algunos momentos, se manifiesta que el profeta posee cierta clarividencia, sin que ello signifique una aprobación de Dios para ello (Miqueas 3:5-7, 11 comp. Ezequiel 13:6-7). Es tremendamente confuso cuando el pueblo de Israel es dirigido por un profetismo prostituido a causa de los intereses de los profetas que eran puestos delante del interés del pueblo. La perversión de la profecía es grave y condenatoria, ya que la fe del pueblo en el mediador es causa de total codependencia que les conduce a una fe ciega y dirigida hacia la desobediencia a los designios de Dios. Por ello, Dios tiene que ser tajante al prohibir la utilización de la adivinación y los encantamientos, hasta llegar al grado máximo de condenación y juicio hacia los que hacen desviar al pueblo de la voluntad de Dios (Levítico 19:26; Deuteronomio 18:9-14; 2 Reyes 17:17; 21:26; 1 Samuel 6:2; Isaías 44:25; Ezequiel 21:21-24).[7]

7 DOUGLAS, J.D. *Nuevo Diccionario Bíblico.* p. 18.

Tras esta alusión al profetismo y la adivinación se halla la necesidad de revisar las tendencias que son naturales en el ser humano y que son parte de la debilidad del profeta. Porque por más mediador que se precie ser, no deja de estar expuesto a tentaciones propias de quien ejerce una influencia de poder en quienes le prestan una devoción derivada de su ejercicio profético.

Algunos factores contemporáneos que conducen al sincretismo entre el ejercicio del profetismo y la adivinación son los siguientes:

Iglesias carentes de cristianos con bases firmes de discipulado. La falta de enseñanza en muchos cristianos provoca que carezcan de fundamentos y valores que posibiliten una cierta autonomía en el desempeño de su fe. Ante la falta de fundamentos, se abre el espacio a poner la mirada en lo que satisface a primera instancia. Eso se debe a que la intensidad que imprime nuestra sociedad lleva a muchos a buscar alimentarse de forma esporádica, rápida y en muchas ocasiones por medios indirectos, tales como el Internet, la radio y la televisión. La actual oferta existente en la mayoría de los medios de comunicación hace que el mensaje sea más direccionado a la captación de creyentes hacia ministerios propios que hacia el crecimiento del Reino. Por tanto, el contacto con las personas se produce por la simpatía generada por quienes de forma superficial prometen lo que sus congregaciones, o sus "profetas" locales, no les hacen ver o sentir.

Principalmente, donde se vive con mayor intensidad esta tendencia de "turismo evangelical" es en las grandes urbes, donde han florecido todo tipo de iglesias que ofertan una proyección eclesial basada en la satisfacción de cualquier necesidad por medio de una exposición del evangelio enfocada en la necesidad urgente más que en la importancia de lo trascendente.

Lo dicho con anterioridad se debe al ambiente hedonista que está experimentando la sociedad moderna y que ha impregnado a un sector de la cristiandad. La idea surgida por medio de Protágoras, cuatro siglos antes de Cristo, en cuanto a que el hombre es medida de todas las cosas, resurge en el presente siglo señalando al placer como la meta más inmediata, el principio capital y el fin de todo hombre. En esta línea de pensamiento vemos cómo la palabra hedonismo, que proviene del griego *hedoné,* "placer", señala al placer por el placer y apunta hacia la teoría de que el hombre está sometido a la soberanía del instante. Por consiguiente, los auténticos móviles de los actos humanos en una sociedad hedonista son el instinto y la pasión.[8]

Consiguientemente, esto acaba trascendiendo en el ámbito de las prioridades y del compromiso. Aunque sigue existiendo la preocupación por el futuro, queda mitigada intuitivamente en el momento de verse complacido el presente mediante una acción profética que atenúa el sentido de responsabilidad sobre nuestros actos y la consecuencia de los mismos. Así que, de una forma sutil, la experiencia puntual y esporádica acaba adormeciendo la necesidad de afrontar lo verdaderamente trascendental.

La consecuencia inmediata de esta tendencia cristiana/hedonista significará la búsqueda intuitiva de una experiencia en

---

8 MONROY, Juan Antonio. *Dios en Busca del Hombre.* Terrassa: Editorial Clie. pp. 62-63.

la que Dios hable y el profeta bendiga. De esta manera ha garantizado el futuro mediante la promesa de la acción divina en base a una gracia sobredimensionada, o más bien, menoscabada. Todo se trata de un enfoque visionario o profético sobre lo que, en el momento, se busca y no sobre lo que el futuro depara sin la existencia del arrepentimiento. Este germen social dentro del cristianismo ya lo vislumbró el apóstol Pablo cuando dijo: "Si los muertos no resucitan, comamos y bebamos, porque mañana moriremos" (1 Corintios 15:32).

Esta tendencia humanista queda enmarcada dentro de nuestro actual posmodernismo en el que todo ocurre en forma pasional, intuitiva, rápida y egoísta o idólatra, tal y como se puede apreciar en Colosenses 3:5-7. Además, el sentirse bien y el parecer es algo que no pasa por alto ante la exigencia de lo sensual. Este es como un monstruo devorador de prioridades, principios y valores que únicamente busca satisfacer al hombre interior que se ha convertido en un dios que resulta caro de abastecer. Por tanto, no se conforma con lo humilde y espiritual, desea abrazar el éxito y lo tangible, ya que esto será síntoma de una prosperidad dada por Dios.

Así que, en realidad, la búsqueda de la bendición viene precedida por el conformismo a un estilo de vida. De manera que entre tanto que el "profeta" hable bien sobre el presente y haga que el futuro quede garantizado mediante pactos sobre el "altar" que garanticen la sostenibilidad de la felicidad, se hace patente que son primordialmente de carácter económico con los que se pacta con la palabra del profeta, o sobre un voto a cambio de una bendición. Al comparar esta actitud con la tendencia de los pueblos en busca del adivino o agorero que les prediga su futuro, observamos que hay un hilo muy fino que debe instarnos a reflexionar sobre la manera en que muchas veces se produce una cierta complicidad entre el receptor del mensaje o visión y el portador de la "boca de Dios." Dicho de otra manera, ciertos escenarios propios de los tiempos posmodernistas son propios de la carencia de fundamentos, tanto en el ejercicio del profetismo como en el culto, por parte del pueblo que busca a Dios.

Ante lo dicho, cabe que el profeta sea fiel a su misión por encima de los intereses de quienes presionan para que les sea complacida una determinada necesidad. De Dios recibe el profeta la orden de: "Ve y habla" (Amos 7:15; Isaías 6:9). El predicador o profeta ha de introducir en su mensaje el llamado de "oíd palabra de Jehová" (Isaías 1:10). La conciencia de parte del profeta de que la palabra no es de él, sino de Dios, le llevará a cuidar el contenido y la forma del mensaje. De hecho, al contrario que los falsos profetas, los profetas o videntes de Dios siempre recibirán y transmitirán fielmente el mensaje. "Si ellos hubieran estado en mi secreto, habrían hecho oír mis palabras a mi pueblo, y lo habrían hecho volver de su mal camino, y de la maldad de sus obras" (Jeremías 23:22). Esto puede implicar que, incluso, el profeta prefiera sufrir antes que eludir la responsabilidad de hablar palabra de Dios (Jeremías 20:8; 23:9 comp. Isaías 50:4).[9]

---

9 SCHMIDT, Werner H. *Introducción al Antiguo Testamento,* Salamanca, Ediciones Sígueme. p. 218.

4

LA VISIÓN

Tener visión es tener la capacidad de anticipar el futuro, pero no desde una perspectiva pasiva, lo cual nos daría a entender que visiónar es adivinar, ya que esto no nos llevaría a la dimensión de ser constructores de futuro, o generadores de historia. De hecho, por lo general, los portadores de visión siempre serán aquellos quienes no esperan que el futuro se les aparezca, sino que se atreven a conquistarlo.

Tanto en el entorno de la fe como en el ámbito de lo secular, portar visión nos lleva a disfrutar de una dimensión creativa de futuro. El distintivo de un visionario ligado a una fe depositada en Dios, respecto a aquel que vive desligado de la fe, determinará no solo el resultado, sino también las formas, ya que serán el reflejo de las motivaciones que impulsan a cada ser humano a trazar su historia personal o a construir familia, proyectos, ministerio o cualquier emprendimiento que se precie.

Visionarios

Enciclopedias y diccionarios definen tener visión como la capacidad de ver más allá de lo que los ojos naturales pueden percibir. Es anticipar, soñar, imaginar, crear... establecer metas que acabarán concentrando todo nuestro potencial y recurso para lograr lo que se ha visualizado.

> La visión define las metas que pretendemos conseguir en el futuro. Estas metas tienen que ser

> realistas y alcanzables, puesto que la propuesta de visión tiene un carácter inspirador y motivador.[10]
>
> Nadie triunfa sin sentir la pasión de crear futuro, y en esa pasión es donde encontramos nuestros más anhelados deseos y la fuerza necesaria para conseguirlos. Una VISIÓN define y concreta nuestras metas, permitiéndonos visualizar anticipadamente la imagen exacta de nuestro éxito.[11]

La persona que es portadora de una visión se convierte en alguien visionario o visionaria. Independientemente de la connotación que se le quiera aplicar, ya que esta dependerá del contexto en el que se utilice el término "visionario", no cabe duda de que estamos hablando de la persona que puede llegar a creer cosas imposibles, aunque en ocasiones sean quimeras o imaginarias.[12] Pero, también, un visionario es alguien que se adelanta a su tiempo o llega a ser capaz de albergar visión de futuro.[13]

Un ejemplo relevante de ser portador de una visión lo hallamos en el ejemplo de Harley-Davidson. A través de una serie de iniciativas estratégicamente coordinadas, Harley-Davidson

---

10 http://robertoespinosa.es/2012/10/14/como-definir-mision-visión-y-valores-en-la-empresa/ (20 de mayo de 2014).

11 http://jesusgonzalez.blogspot.com.es/2005/05/definicin-de-visin.html (20 de mayo de 2014).

12 LAROUSSE, Nueva Enciclopedia. *Tomo décimo*. Barcelona, Editorial Planeta, p. 10337.

13 http://lema.rae.es/drae/?val=visionario (10 de mayo de 2014).

fue capaz de revolucionar su oferta de productos y forjarse una nueva identidad. En el proceso, revitalizó su visión y reorientó sus energías, mejorando la calidad, la productividad y las relaciones con los empleados. Extendió su marca a negocios afines y se convirtió en líder de la industria. Al perseguir una visión que entusiasmó a clientes y empleados, volvió a establecerse como una de las compañías más dinámicas de los Estados Unidos. El caso de Harley-Davidson sirve para comprobar que, cuando la visualización se emplea como herramienta estratégica para liberarse de las limitaciones del pasado, puede ser fuente de un cambio transformador.[14]

El conocido conferencista cristiano, Dr. Myles Monroe, expresó muy bien la importancia de ser portadores de una visión y cómo los visionarios se convierten en protagonistas de cambios o transformaciones que resultan determinantes para la Historia:

> Las civilizaciones nacieron y fueron desarrolladas a través del poder de un líder visionario. Los anales de la historia se encuentran impresos con la evidencia de la fuerza creadora, retadora de tradiciones, que es la visión. Los logros sociales, económicos, arquitectónicos, médicos, científicos y políticos, así como todos los avances, le deben su concepción y nacimiento al poder de la visión. Cualquier civilización que se encuentra atrapada

14 HSM Management, ISSN 1888-0118, Nº. 6, 2008 , págs. 76-81 (21 de mayo de 2014).

> en una etapa del pasado, sofocada par las tradiciones de las experiencias pasadas, y sepultada en la tumba de las glorias de los triunfos pasados, está condenada a morir. La visión es la clave para abrir las puertas de lo que fue, y de lo que es, para poder impulsarnos a la tierra de lo que se puede hacer y llegar a ser, y que todavía no existe. La visión te libera de las limitaciones que ven tus ojos y te permite entrar a la libertad de todo aquello que el corazón puede sentir. Es la visión lo que hace que lo invisible se vuelva visible y que lo desconocido se convierta en una posibilidad…
>
> La visión inspiró a los exploradores que le dieron la vuelta a todo el globo terráqueo y que comenzaron la creación y la expansión de muchas de las naciones que conocemos hoy en día. La visión transformó al mundo que dependía de la agricultura en un mundo industrializado. La visión hizo nacer miles de inventos en los dos últimos siglos, los cuales han transformado nuestras vidas… La visión es la energía del progreso.[15]

El mundo empresarial es consciente de la necesidad de líderes visionarios. Por un lado, la captación de estos visionarios es una

15 MUNROE, Myles. *Los Principios y el Poder de la Visión.* New Kensington: Whitaker House, p. 11-12.

prioridad, dado que el futuro empresarial depende de la capacidad de innovación y de anticiparse a las creaciones de otros con tal de establecer la prioridad de una invención que causará ganancias millonarias.

La inspiración de un visionario está basada en la oportunidad que se abre ante una crisis o necesidad. En definitiva, el visionario da a luz una idea que responderá a una necesidad, que será plenamente realizable y que se convertirá en agente de cambio capaz de modelar costumbres, y más aún, cuando la idea se encargue de generar futuro, es decir, progreso. Por tanto, la idea es una visión que se transformará en un proyecto, el proyecto se transformará en un emprendimiento, y el emprendimiento se convertirá en una conquista de futuro.

Además de la captación de los líderes visionarios, está claro que fomentar el ámbito motivacional se ha convertido en un gran negocio. Más que nunca, capacitar a las personas para que se conviertan en verdaderos visionarios es parte de un mundo que aporta grandes dividendos. Son muchas las empresas que dedican gran parte de su presupuesto para la formación de sus empleados con el fin de hacerles visionarios y, por tanto, capaces de sobreponerse a la rutina de la labor cotidiana o de los desafíos que conllevan la industria y el comercio ante la presión de una exigente competitividad.

De ahí que hayan proliferado los *coaches*. El vocablo *coach* es un anglicismo que apunta a la figura de un entrenador que se convierte en un verdadero motivador para que los receptores de su entrenamiento capten la visión de la empresa que les ha contratado, para que logren alcanzar metas de productividad basadas en la optimización de los recursos humanos y materiales existentes, además de fomentar una fuerte conciencia de equipo con tal de que todos abracen una visión colectiva y abandonen la desidia, o incluso la visión personalista que desgaste el impulso de equipo.

> Todo buen líder-coach contribuye con la efectividad de sus seguidores. Es decir, les ayuda a que logren ver realizados los anhelos profundos del corazón y las resoluciones de la voluntad. En el liderazgo, tomar responsabilidad significa plantearse ciertos asuntos y llevarlos a cabo. Para eso es posible identificar cuatro momentos cumbre o progresiones que forman parte esencial del proceso de avance en el coaching de liderazgo hacia la efectividad. Esas cuatro progresiones pueden resumirse así: De la Visión a la Meta, de la Meta al Sistema y del Sistema al Logro.[16]

Después de asomarnos, puntualmente, al concepto de visión y de visionario, podemos deducir que los principios que sustentan una visión no tan solo son perfectamente aplicables, en su gran mayoría, a la Iglesia, sino que además, los mejores fundamentos para el impulso de una visión se hallan en la vivencia cristiana.

---

16 http://recursosparalideres.blogspot.com.es/2013/01/las-4-progresiones-del-coaching-de-la.html (20 de mayo de 2014).

La visión del profeta

Las visiones eran un medio de comunicación divina indispensable para dar a conocer los planes de Dios a su pueblo, y previamente, hacerlos comprensibles al vidente o profeta. La importancia de las visiones en la vida de los profetas queda evidenciada en los textos en los que reiteradamente se expresa la contemplación de una visión.

> "Visión de Isaías" (Isaías 1:1; 2:1). "...se abrieron los cielos y contemplé una visión divina" (Ezequiel 1:1-2). "Visión de [Amós] acerca de Israel" (Amós 1:1). "Visión de Abdías" (Abdías 1). "Visión de [Miqueas] sobre Samaria y Jerusalén" (Miqueas 1:1). "Profecía que vio el profeta Habacuc" (Habacuc 1:1).

También, se hace latente la relación existente entre los tiempos de la decadencia en Israel y la escasez de visión: "no había visión con frecuencia" (1 Samuel 3:1). Cuando Samuel es llamado por Dios, la situación del pueblo de Israel evidenciaba la escasez de la luz profética manifestada en la lámpara de Dios que estaba a punto de apagarse.

Es determinante en la línea de pensamiento que se sostiene en este estudio detectar que el primer encuentro que Dios tiene con Samuel es por medio de una palabra en visión (1 Samuel 3:7; comp. 3:15). Pero la visión no solo era importante para los profetas del Antiguo Testamento, también es significativa en el ámbito escatológico. Por ejemplo, Joel 3:1 se refiere a las visiones como señales propias del derramamiento del Espíritu Santo en la vida de los jóvenes.

En cuanto a lo que ven los profetas, no siempre ven algo distinto a lo que cualquier humano percibe: una rama de almendro, una olla de fuego, cestos de higos... Sin embargo, este dato visual para el profeta supondrá una percepción más profunda de la realidad. Es decir, que Dios está poniendo delante del profeta una realidad que ante los ojos ordinarios no puede ser percibida, salvo que Dios muestre una percepción distinta y trascendente. Por ejemplo, Jeremías es llamado por Dios para ir a casa del alfarero y contemplar la rueda en la que él moldea la arcilla. Al obedecer y observar, se hace testigo del percance que sufre la obra de arcilla en las manos de su creador. Como resultado, un sencillo acontecimiento rutinario se convierte en un mensaje profético: "¿no podré hacer yo de vosotros como este alfarero, oh casa de Israel?" (Jeremías 18:1-6).

Así que Dios va a utilizar la vida real como el cauce más importante para dar a conocer su mensaje al profeta. Ese es el caso de la visión de la vara de almendro, de la olla hirviendo y de los frutos maduros. También, en ocasiones, los objetos ocupan una dimensión simbólica, irreal, como en el caso de los cuatro cuernos (Zacarías 2:1), el candelero y los olivos (Zacarías 4:1-6) o el rollo de diez por cinco metros que volaba (Zacarías 5:1-4). Quizás la mayor revelación existente en el Antiguo Testamento y con mayor número de detalles es el modelo que Dios mostró a Moisés del tabernáculo para que fuese copiado y construido (Éxodo 25-31).[17] Este pudiera ser el máximo exponente revelador de Dios por medio de una visión en el Antiguo Testamento.

Formas de visión

No siempre se logra determinar la línea divisoria entre lo que es un sueño o trance y una visión. La palabra hebrea *hazon* proviene de una raíz usada para describir la experiencia del vidente que tiene una visión encontrándose con un estado extático (Isaías 1:1; Ezequiel 12:27). La otra palabra es *mar'a*, de la raíz común para "ver," significando visión por medio de una revelación (Números 12:6; 1 Samuel 3:15).

De lo que se trata es de enfatizar la experiencia que recibían los profetas por haber sido escogidos como receptores de una sensibilidad especial por parte de Dios para compartir sus planes y revelar su mensaje a todos los hombres (Jeremías 1:11; Daniel 2:19; Hechos 9:10; 16:9; comp. Salmo 89:19; Hechos 10:3).[18]

Independientemente de la forma en que Dios hablara a los profetas, estaban absolutamente convencidos de que eran depositarios de un mensaje de Dios. Aunque las experiencias con las visiones son distintas, el concepto de visión abarca todos los géneros de ilustración profética, pudiéndose referir tanto a la percepción de un objeto externo como a la de una imagen interna.

17 SICRE, José Luis. *Profetismo en Israel.* Estella, Editorial Verbo Divino, 1992. p. 101-102, 107.

18 NUEVO DICCIONARIO BIBLICO. Barcelona: Editorial Certeza, 1991. p. 1420.

Se puede establecer que serían tres las formas posibles que Dios adopta para comunicarse con los hombres. Por ejemplo:

- **Corporal**. Cuando vio Moisés la zarza ardiendo en el desierto o cuando Abraham vio a tres varones en pie (Éxodo 3:3; Génesis 18:2).
- **Imaginativa**. Cuando Dios evoca la imaginación del profeta para captar imágenes internas (Isaías 6:1-13).
- **Intelectual**. Cuando la comunicación se dirige al ámbito de la inteligencia. (Génesis 15:1; 1 Samuel 3:1-21).

Con todo, la visión puede confluir con las tres formas posibles o con cada una de ellas en forma independiente.[19]

19 ENCICLOPEDIA DE LA BIBLIA. Barcelona: Ediciones Garriga, S.A., 1963. p. 1240.

5

VISIÓN PROFÉTICA

Palabra y visión

Nadie puede negar que estamos en la era de las comunicaciones, y más aún, de las ideas. Saber transmitir una idea es lograr ser buen comunicador. Al tiempo, esa idea debe responder a una necesidad para que la comunicación halle propósito o, como mínimo, interés en quien escucha, ve o lee.

Asistimos a un mundo virtual en el que la imagen se impone frente al cúmulo de palabras. De ahí que todo sea intuitivo y funcione a base de simbología o imagen pero que, en definitiva, no sustituye a las palabras, sino que las representa.

Comunicar no es solo decir palabras. No solo es cuestión de tener un gran vocabulario, sino que este debe ser instrumentado adecuadamente por las emociones que, seguramente, darán la fluidez y el tono adecuados. A la vez, es vital acertar en el tiempo con la expresión para que la comunicación no llegue tardía o retrasada, es decir, a destiempo. Es lo que sucede cuando tenemos un cúmulo de información que luego no sabemos administrar. Como resultado, frustramos la comunicación o el propósito de dicha información. En consecuencia, esto es lo que vendría a representar un despropósito.

Sin palabras no se hace posible la comunicación. No importa que esta sea escrita, hablada o figurativa. A su vez, el objeto de la comunicación pretende siempre producir una acción dirigida a reafirmar o provocar un cambio de actitud. Por consiguiente, de ahí que la palabra deba ser dinámica, acompañada de creatividad, vida, propósito y no meramente transmisora de letra o carácter. Dicho de otro modo, ha de existir intencionalidad para provocar reacción o cumplimiento. "… así será mi palabra que sale de mi boca; no volverá a mí vacía, sino que hará lo que yo quiero, y será prosperada en aquello para que la envié" (Isaías 55:11).

Desde el principio, Dios usó la Palabra. Cada acto creador estuvo precedido de la expresión "Y dijo Dios" (Génesis 1:3, 6, 11, 20, 24, 26, 29). Ahora, si bien la Palabra fue el instrumento ejecutor, está claro que la Palabra responde a un plan previamente concebido, visionado en el Artífice de la creación. Es difícil determinar que Dios hizo el universo de la nada. La nada es un concepto que se aleja del ámbito de la visión de Dios, y por tanto, de su innata creatividad. Siempre la Palabra de Dios obedece a una visión que, por ende, responde a una intencionalidad ligada a sus propósitos.

Cada vez que aparece el término *bará* en las Escrituras, se traduce "crear" (Génesis 1:1, 21, 27). Al igual que el resto de pasajes del Antiguo Testamento, no significa que Dios lleva a cabo la creación a partir de la nada. Pero tampoco se acerca al concepto babilónico de que la materia existiese con Dios desde la eternidad. Lo único que existía con Dios desde la eternidad es la Palabra (Juan 1:1); el Verbo hecho carne y, sin Él, "nada de lo que ha sido hecho, fue hecho" (Juan 1:3). "Todo fue creado por medio de él y para él" (Colosenses 1:16). "Porque de él, y por él y para él son todas las cosas" (Romanos 11:36).[20] Por consiguiente, la nada

20 ATKINSON, David. *Comentario Antiguo Testamento Andamio, Génesis 1-11.* Barcelona, Publicaciones Andamio 1990. P. 28-29.

nunca existió en Dios; no es parte de la eternidad. Sin embargo, siempre existió la Palabra y, por tanto, siempre ha habido una visión que ha sustentado la Palabra, dado que no es posible que la Palabra provoque la acción creadora sin que responda a una visión que dé propósito a la Palabra. Así, podemos determinar que la Palabra responde a la visión para responder a un propósito, y la visión depende de la Palabra para ser ejecutada.

Un texto que fortalece la idea de lo que estamos diciendo se halla en Hebreos: "por la fe entendemos haber sido constituido el universo por la palabra de Dios, de modo que lo que se ve fue hecho de lo que no se veía" (Hebreos 11:3). Sin embargo, lo que no se veía sí estaba, a pesar de no ser visible.

El término *logos* que usa Juan para describir al Verbo (Juan 1:1-14) está siendo usado con el fin de expresar su naturaleza y oficio. La Palabra es lo que revela. El oficio de la Palabra es dar a conocer a Dios a sus criaturas. "A Dios nadie le vio jamás; el unigénito Hijo, que está en el seno del Padre, él le ha dado a conocer" (Juan 1:18). Por tanto, el Hijo, como revelador de Dios, es la Palabra, el Verbo.

En el *logos* estaba la vida (Juan 1:4), con lo cual la vida está escondida en Él. Pero la vida del Verbo es "la luz que alumbra a todo hombre" (Juan 1:9). De manera que lo que Juan establece es que el Verbo hace posible la vida espiritual e intelectual del hombre. El *logos,* como Luz, resplandece sobre las tinieblas (Juan 1:5) que inundan el mundo en el que Jesús hace morada para que veamos "su gloria, gloria como la del unigénito del Padre" (Juan 1:14). Por lo cual, el *logos*, al manifestarse, hace posible que los hombres vean o visualicen al Dios invisible mediante la manifestación del Verbo.[21] O sea, que el Verbo hace ver lo escondido e inaccesible al ojo y a la naturaleza humana.

Consiguientemente, y como derivación de lo expresado en este apartado, está claro que Dios usa como canal de comunicación la Palabra, en el caso referido el Verbo. En definitiva, viene a ser lo mismo, dado que para Dios siempre existió la Palabra como agente vehicular para comunicarse y dar a conocer sus designios a los hombres. No solo esto, sino que también por la Palabra se sostiene lo creado.

> "Dios, habiendo hablado muchas veces y de muchas maneras en otro tiempo a los padres por los profetas, en estos postreros días nos ha hablado por el Hijo, a quien constituyó heredero de todo, y por quien asimismo hizo el universo; el cual, siendo el resplandor de su gloria, y la imagen misma de su sustancia, y quien sustenta todas las cosas con la palabra de su poder, habiendo efectuado la purificación de nuestros pecados por medio de sí mismo, se sentó a la diestra de la Majestad en las alturas, hecho tanto superior a los ángeles, cuanto heredó más excelente nombre que ellos" (Hebreos 1:1-4).

---

21 HODGE, Charles. *Teología Sistemática. Volumen Primero.* Terrassa, 1991. p. 352-353.

Al hilo de lo referido en torno al Verbo y a su clara implicación con la revelación de lo invisible, queda evidenciado el hecho de que no es posible la visión de lo escondido sin la Palabra.

Cuando Dios se revela a Habacuc, lo hace haciéndole ver una realidad que se ha convertido en cotidiana. Con todo, ante la cual el profeta no puede esconder su mirada. "La profecía que vio el profeta Habacuc... ¿Por qué haces que vea...? Destrucción y violencia están delante de mí, y pleito y contienda se levanta. La ley debilitada... el impío asedia al justo y es torcida la justicia" (Habacuc 1:1-5). Dios le está haciendo ver el estado de su pueblo, en el que la corrupción y la usura se han hecho fuertes hasta el punto de que la ley se ha debilitado y la justicia se ha corrompido. Pero lo determinante es que Dios no quiere que simplemente observe el estado de lo que aparentemente está sucediendo. La pretensión divina es que el profeta vea la profecía, "la profecía que vio el profeta Habacuc... me haces ver... haces que vea" (Habacuc 1:1, 3). Precisamente, la intención de Dios es que la visión divina nos aproxime a la realidad del pueblo, no dando la espalda al sufrimiento de quienes son víctimas de la corrupción, la injusticia y la violencia.

Habacuc, en una de sus posibles acepciones, significa "abrazo." Al relacionarlo con lo que Dios le invita a percibir, está claro que el profeta visionario no puede ignorar el estado de aquellos que sufren y están esperando el compromiso del profeta. El profeta debe ser alguien que abraza al pueblo. De igual forma, la visión no es ajena a lo que sucede en derredor del que se presta a ser un profeta coherente con su oficio y con la revelación que le ha sido entregada. Por el contrario, la visión también abraza al pueblo. La visión llega para traer esperanza y dar propósito a cada situación por la que atraviesan quienes han puesto en Dios su confianza.

Lo que es evidente es que la Palabra siempre aporta visión. Jesús mismo nos da un ejemplo: "Mirad lo que oís" (Marcos 4:24). ¿Es posible que se pueda ver lo que se oye? Estas palabras de Jesús están precedidas por una referencia a la lámpara (v. 21) y a la revelación de cosas secretas (v. 22). De manera que, cuando Jesús está usando la palabra, su intención es iluminar las mentes para que puedan comprender la verdad de Dios. Sin embargo, Jesús veía que muchos padecían de una premiosa incomprensión. Jesús observaba cómo muchos carecían de capacidad para oír porque sus oídos estaban embotados por los prejuicios, por sus propios deseos y por ser torpes para pensar.[22]

Desde el punto de vista científico no es posible ver sin la presencia de la luz. La luz permite que el ojo visualice el mundo exterior y procese la imagen. La ceguera es provocada por razón de que el ojo, o el cerebro, están imposibilitados para percibir la luz y, por tanto, no procesan imagen alguna, no existe visión. De igual forma, cuando la Palabra penetra en los oídos, llega al cerebro y provoca una imagen. Siempre la palabra se asociará a una imagen y la palabra se transforma en imagen en el cerebro. De igual manera, la Palabra de Dios es la luz que produce visión en el corazón del hombre. Siempre que Dios habla, lo hará permitiéndonos ver lo que Él está diciendo. Inclusive, la voz profética nos permitirá

22 BARCLAY, C. William. *Comentario al Nuevo Testamento, Volumen III,* 1995. p. 73-75.

alcanzar el futuro, realizar un sueño, abrazar un anhelo para, posteriormente, traducirse en un proyecto con determinadas metas. Definitivamente, podemos afirmar que la Palabra siempre traerá visión profética al hombre rendido a la voluntad de Dios.

Visión y fe

Lo que provoca que una determinada visión se constituya en profética depende de dos aspectos claramente distintivos:

- Una visión profética tiene su origen en la revelación de Dios.
- Una visión profética tiene como objeto satisfacer la voluntad divina.

Lo que Dios da siembre abraza al futuro. Hay una relación directa entre lo que Dios dice y lo que nosotros logramos alcanzar a ver. En realidad, de lo que estamos hablando es respecto a la fe. "Es, pues, la fe es la certeza de lo que se espera, la convicción de lo que no se ve" (Hebreos 11:1).

> La fe tiene que ver con las cosas futuras (que se esperan) y las invisibles (que no se ven). La traducción de la RVA (constancia de las cosas que se esperan) pone el énfasis en la fe como una expresión de nuestra confianza en las promesas de Dios. Sin embargo, también es posible traducir "la fe es la

> sustancia (hupóstasis) de las cosas esperadas" o "la fe da sustancia a nuestras esperanzas." Tal traducción sugiere que las cosas que se esperan llegan a ser reales y tener sustancia por medio del ejercicio de la fe. Una vez más, la fe es estar seguro de los hechos que no se ven. Es la forma de "probar" las realidades invisibles, tales como la existencia de Dios, su fidelidad a su palabra y su control sobre nuestro mundo y lo que ocurre en él.[23]

El término fe es la palabra griega *pistis*, viniendo a significar: firme persuasión, convicción basada en lo oído (relacionándose con *peitho,* persuadir).[24] Este es el tema de Hebreos, donde la fe se relaciona con la vista, o sea, la capacidad de visualizar las promesas de Dios. Por lo cual, se hizo posible que los llamados héroes de la fe pudiesen dar buen testimonio a pesar de no ver en lo externo lo que abrazaban en su interior.

Es importante resaltar el énfasis de que recibir es algo más que escuchar. Lo que Dios hará solamente sucederá a partir de que se reciba la Palabra. "La fe es por el oír, y el oír, por la palabra de Dios" (Romanos 10:17). De nuevo, la importancia que tiene esta expresión de Pablo nos remonta a lo que Jesús manifiesta respecto a la importancia del oír que, en un sentido más literal, tiene que ver más con escuchar. El sentido original del término

---

23 WENHAN, G.J. *Nuevo Comentario Bíblico Siglo Veintiuno.* Editorial Mundo Hispano, 2003. p. 1000-1001.

24 VINE, W.E. *Vine Diccionario Expositivo de Palabras del Antiguo y Nuevo Testamento.* Nashville: Editorial Caribe, 1990. p. 845-846.

se refiere más a la acción de prestar atención y no solo percibir el sonido de las palabras (Mateo 11:15; 13:9, 43; Marcos 4:9, 23; Lucas 8:8; 14:35; Apocalipsis 2:7, 11,17, 29; 3:6, 13, 22; 13:9).[25]

Martín Lutero explicaba el pasaje de Romanos 10:17 haciendo referencia al contexto y refiriendo la verdad de que nadie puede creer sin oír. En latín, el término para oír es *auditus*, como equivalente a la palabra *auditio* (percepción de la palabra oída). Por tanto, la palabra anunciada es de índole tal que nadie puede percibirla sin que sea oída y creída.[26] No basta solo con percibir el sonido, sino ha de ser implementada, arraigada.

El apóstol Santiago afirma:

> Por esto, mis amados hermanos, todo hombre sea pronto para oír, tardo para hablar, tardo para airarse; porque la ira del hombre no obra la justicia de Dios. Por lo cual, desechando toda inmundicia y abundancia de malicia, recibid con mansedumbre la palabra implantada, la cual puede salvar vuestras almas. Pero sed hacedores de la palabra, y no solamente oidores… (Santiago 1:19-23).

Es evidente que el apóstol relaciona la reacción del hombre en precipitarse para hablar como propio de quien ha perdido el control sobre las circunstancias por razón de una actitud incrédula.

---

25 HENDRIIKSEN, Guillermo. *Comentario del Nuevo Testamento*. Grand Rapids: Subomisión Literatura Cristiana, 1990. p. 386-387.

26 LUTERO, Martín. *Comentarios de Martín Lutero; Carta de Apóstol Pablo a los Romanos*. Terrassa: Editorial Clie, 1998 p. 348-349.

Siempre la incredulidad generará impotencia y frustración, por lo que en muchos casos resultará en una reacción airada frente al futuro o ante la incapacidad de no ver más allá de lo que los ojos naturales perciben.

En cuanto a la tendencia referida por el apóstol Santiago sobre el no precipitarse a hablar, enfatiza la importancia de no precipitarse a hablar y poder captar una visión divina por medio del mensaje, antes de "derrapar" con el discurso propio. Siempre, los receptores del mensaje de la Palabra podrán encontrar esperanza para el futuro, lo cual redundará en una manifestación sosegada que dará como fruto la manifestación de la justicia de Dios. Dicho de otro modo, es una acción que manifiesta las obras de la luz para que los hombres, al ver la acción de la fe, testimonio como respuesta a la acción de la palabra, busquen a Dios, tal como lo expresa Jesús en Mateo 5:14-16.

Otro aspecto a considerar es que, para que la fe se produzca, la Palabra debe ser implantada y debe echar raíz. De lo contrario, no provocará la acción que llevará al receptor hacia la obediencia sin reserva, o también, hacia una vida de fe basada en la esperanza que ha provocado la visión de futuro que ofrece la promesa de Dios. Pero es indispensable, para que la Palabra sea enraizada, que los oyentes tengan una disposición adecuada.

Es imprescindible desechar toda inmundicia y abundancia de malicia: Al hablar de desechar, está queriendo decir la acción de despojarse, desvestirse, cambiar de actitud o, de una forma ilustrativa, "cambiar la piel." Desechar es la palabra griega *aphotemoni*. Esta palabra sugiere una ruptura total con todo lo que es contrario a la voluntad de Dios. De manera que el concepto apunta a la necesidad de despojarse de lo que es un tapón en los oídos. Así se describe el término en el original griego para "inmundicia": *Rupanía,* de *Rupos.* Se trata de un término médico referido a la cera que tapa el oído. Por lo cual, está haciendo una clara referencia a todo aquello que viene a obstruir el oído espiritual y, por ende, impide el arraigo de la Palabra para ser asimilada o implantada. Acerca de la abundancia de malicia, la palabra griega es *katia,* impiedad. La maldad, independientemente de cuán pequeña sea, no dejará de ser un estorbo para percibir la Palabra.[27]

Los oyentes deben recibir la Palabra con mansedumbre, en griego *praytes.* La mansedumbre refleja una actitud enseñable, y por consiguiente, humilde. Al mismo tiempo, quien recibe la Palabra con mansedumbre no tiene resentimiento frente a la verdad cuando esta hiere, condena o corrige. Sobre todo, el concepto de mansedumbre se ajusta al significado de sumisión debida, por lo que se predispone a que la Palabra por parte del receptor sea obedecida.[28] Tampoco admite pereza y está pronto para admitir el aprendizaje, sin posponer la respuesta a un momento interesado por parte del oyente. Cabría señalar que el receptor que advierte esta actitud también describe un control y conquista de todo lo que impide ver, aprender y obedecer la verdad. En los Hechos de los Apóstoles podemos observar una referencia a los que eran de

---

27 HARPER, A.F., *Comentario Bíblico Beacon, Tomo X.* Kansas City: Editorial Casa Nazarena de Publicaciones, 1967. p. 208-209.

28 HENRY, Matthew. *Comentario Bíblico de Matthew Henry.* Terrassa: Editorial Clie,1999. p. 1827.

Berea, en cuanto a su actitud para recibir la Palabra. Se les califica de nobles al recibir la Palabra con solicitud (Hechos 17:11). La nobleza los hace receptores que les constituye como aptos para que la Palabra se implante. De igual modo, el texto bíblico nos señala que se disponían no solo a ser oidores pasivos, sino también se dedicaban a comprobar que lo oído correspondía con lo que estaba expuesto en las Escrituras, aunque no para contender, sino para ratificarse en la fe.

Lo que definitivamente vemos por medio del impacto o arraigo de la Palabra en la vida del oyente es que se produce un cambio de orientación en su actitud ante Dios y, consiguientemente, ante la vida. En cierta ocasión, Jesús recibió a un oficial del rey que tenía un hijo moribundo. Sin necesidad de que el Señor se personase en la casa del oficial, bastó la palabra: "Tu hijo vive. Y el hombre creyó la palabra que Jesús le dijo, y se fue" (Juan 4:50).

El énfasis en el hecho de creer nos abre la compuerta al espacio de una visión distinta de las circunstancias. No había cambiado nada, el oficial no había visto un cambio en el orden natural, pero era consciente de que algo sucedió al percibir la palabra. Se había implantado en su corazón y había provocado un cambio de actitud al tiempo que un resultado por medio de la fe: la sanidad del hijo en la misma hora en que el hombre creyó. Siempre la palabra implantada producirá fe y resultados "Y éstos son los que fueron sembrados en buena tierra: los que oyen la palabra y a reciben, y dan fruto a treinta, a sesenta, y a ciento por uno" (Marcos 4:20; comp. Isaías 55:10-11).

El proceso de la visión

> Palabra de Jehová que vino a mí, diciendo: ¿qué ves, Jeremías? Y dije: Veo una vara de almendro. Y me dijo Jehová: Bien has visto; porque yo apresuro mi palabra para ponerla por obra (Jeremías 1:11, 12).

Estos dos versículos del libro de Jeremías resumen el tema central de todo el libro: El cumplimiento inevitable de los propósitos del juicio de Dios contra Judá y contra las naciones.

El llamamiento de Dios sobre la vida de Jeremías implicaba un alto costo que pagar. Su desarrollo ministerial se verá ligado a las visiones que recibe en este primer capítulo, en donde también se esboza su llamamiento. Como Moisés, también Jeremías trató de eludir el llamado de Dios con argumentos de incompetencia; en este caso referidos a su juventud. Pero lo cierto es que, muy probablemente, era muy consciente de lo que significaba su llamamiento. Pero era ineludible, y en años posteriores afirmó cómo la mano del Señor estuvo sobre él (Jeremías 20:27). Con todo, el Señor lo instala frente a una nación que no tenía intención alguna de recibir la palabra del profeta y se resistiría a creer en lo que Dios tenía previsto para el futuro.[29]

Todo llamamiento se sustenta sobre una visión y sirve a la visión. Jeremías es un profeta de la Palabra, ya que es una constante en su vida y oficio. Solo en el primer capítulo se observa la

---

29 THOMSON, JA. *Jeremías, Introducción, Comentarios y Notas.* Buenos Aires: Editorial Nueva Creación, 1992 p. 92, 93.

importancia de la Palabra cuando Dios pone palabras en su boca. Al mismo tiempo, es la palabra del Señor la que irrumpe en su vida despertándole a una dimensión más allá del ámbito de un oficio heredado, como el de su padre, Hilcías. La Palabra obró en él, impulsándole fuera de las fronteras de su localidad de nacimiento en donde por años había sido sacerdote y garante de la ley.

Como quiera que el tema que nos ocupa apunta a enfatizar el ámbito de la visión en su sentido profético, no entramos a valorar el objeto de la visión de Jeremías, sino el principio hallado en la misma para hacerlo aplicable a cualquiera y ante cualquier situación.

Ver para ver

Dios pregunta a Jeremías: "¿Qué ves?" A lo que responde el profeta: "una vara de almendro." Se trata de una perspectiva rutinaria del entorno que era propio de la época y del lugar. En tierra de Israel, lo común es que el almendro sea algo habitual por ser un árbol del entorno mediterráneo. Con lo cual, ver una vara de almendro no tiene ninguna relevancia... desde la perspectiva natural. Pero lo que Dios está pretendiendo es que el profeta fije su mirada en una realidad más profunda que la que sus ojos naturales están captando. Dios quiere que el profeta visualice algo que tendrá su cumplimiento implacable ante la mirada incrédula e indolente de una nación que ha dado la espalda a Dios.

La razón por la que Dios reclama la mirada de Jeremías es la misma que se requiere de quienes, llamados a desempeñar una labor profética, han de estar atentos a lo que acontece en su entorno. La percepción de los acontecimientos que nos rodean no es distinguida por todos de la misma manera. Se hace imprescindible tener una lectura del escenario cotidiano desde una lectura profética. Siempre, tras lo aparente, se esconde una realidad espiritual que ha de ser asimilada desde la perspectiva divina y, por tanto, visionaria.

La pregunta de Dios al profeta requiere detenerse y realizar un diagnóstico. Si bien no resulta complejo observar una vara de almendro, **sí** tiene su trascendencia cuando se trata de prestar atención a lo que Dios nos pide mirar. Es detenerse, contemplar y lograr definir lo que está ante nuestros ojos. Esto logrará generar el diagnóstico que permitirá que nuestro enfoque de vida adquiera un rol profético y no superficial, a la deriva de la corriente imperante del momento, lo cual es peor y consecuencia de lo primero. Sin diagnóstico, además de evidenciar incapacidad de ver, también se propiciará un vacío en el mensaje y en la tarea.

Desde la perspectiva de la función de predicador, el profeta debe acertar con el mensaje. Para ello, debe haber visto lo que realmente acontece y así ser certero con la aplicación de la Palabra. Siempre el mensaje del predicador ha de ser profético. Es decir, que su mensaje responde a la necesidad de la gente y, sobre todo, al propósito de Dios en cuanto a la realización de sus planes.

En este punto, nos resulta familiar hacer uso del término *cosmovisión*, ya que nos ubica en el propósito del porqué Dios quiere que veamos. No saber entender el mundo que nos rodea hace de nuestro mensaje y oficio algo estéril e intrascendente. Los púlpitos se convertirán en plataformas de mensajes cargados de oratoria y basados en una concepción meramente intelectual o religiosa, lo cual resultará en provocar en los receptores una percepción de la Palabra frívola, ya que no les aporta respuesta a su razón de ser o de existir frente a un mundo en crisis.

> Cosmovisión es la manera de ver e interpretar el mundo. Se trata del conjunto de creencias que permiten analizar y reconocer la realidad a partir de la propia existencia. Puede hablarse de la cosmovisión de una persona, una cultura, una época, etc. [30]

Pararse a ver es la demanda insistente de Dios y que se reitera de nuevo con este mismo profeta: "Así dijo Jehová: Paraos en los caminos, y mirad, y preguntad por las sendas antiguas, cuál sea el buen camino, y andad por él, y hallaréis descanso para vuestra alma" (Jeremías 6:16). Lo que resulta de prestar atención a este pasaje es llegar a la conclusión de que debemos detenernos a mirar y preguntar, para no seguir en una inercia de estrés y autodestrucción que nos abocará al fracaso de todos nuestros emprendimientos como seres humanos. Ya Jesús aludió al estado del hombre que vive alejado de Dios. Trabajado, cargado (Mateo 11:28) y sumido en un tropel de acciones improductivas que lo llevan al continuo círculo vicioso del activismo carente de vida y propósito. De modo que, lógicamente, esta espiral de vida deriva

30 http://definicion.de/cosmovisión/ (21 de mayo de 2014).

al ser humano a un despropósito atroz y a una infelicidad absoluta por carecer de visión.

Concibiendo la visión

Uno de los grandes desafíos es concebir una visión. También es desafiante oír la voz de Dios para que podamos comprender lo que Dios quiere hacer; es decir, adquirir una visión. Lo que sucede muy a menudo es que la visión no llega en forma automática, sino que normalmente requiere saber esperar y estar posicionados en el lugar propicio hasta ser alcanzados por la revelación divina.

"Sobre mi guarda estaré, y sobre la fortaleza afirmaré el pie, y velaré para ver lo que se me dirá, y qué he de responder tocante a mi queja" (Habacuc 2:1). Con estas palabras podemos ver que Habacuc es un vivo reflejo de quien debió esperar la visión en medio de circunstancias que le desafiaban en su oficio profético. Al ser contemporáneo de Jeremías (el libro data del año 600 a.C. aproximadamente), le toca afrontar situaciones similares. La idea fundamental del libro es la exaltación de la justicia divina que castiga inexorablemente los pecados y retribuye a los que permanecen fieles a Dios en las calamidades.

Con todo, muy probablemente el hastío se apodera de las entrañas de Habacuc, pero toma la decisión correcta. Se afirma en el lugar de la fortaleza y asume su rol como centinela. Independientemente de que ese puesto de atalaya sea literal o figurativo (comp. 2 Samuel 18:24; 2 Reyes 9:17), lo cierto es que nos aporta las claves de lo que ha de ser la actitud adecuada ante la presión existente cuando el entorno es hostil y parece que Dios está callado y no hace nada a favor de los justos o de su pueblo.

Lo que el profeta lleva a cabo para abordar la crisis personal y colectiva que le está aconteciendo es sentirse libre para manifestar a Dios su estado personal expresando su queja. La queja, al margen de que comporte alguna acepción algo arrogante, en este caso, se trata de lo que resulta necesario hacer ante la impotencia de ver el estado de su nación. Ve como una patente necesidad determinarse en buscar de Dios una respuesta que, al mismo tiempo, conlleva la necesidad de sincerarse con el Señor para que su visión sea aclarada y sus perspectivas se rectifiquen ante el momento que está atravesando.

En realidad se trata de un retiro en el espacio más alto, en un lugar, una atalaya, que le permita una contemplación sin distorsión del horizonte. Seguramente se trataría de un lugar habitual en donde Habacuc se refugiaba a ver o escuchar lo que Dios tuviese que decir.

Habacuc se determina en posicionarse en la actitud que le corresponde. No abandona el ejercicio de su responsabilidad. Decide afirmarse, ratificarse en su condición de profeta pese a carecer de perspectiva sobre lo que está sucediendo. Él se determina en esperar la visión y no se precipita a la acción para evitar caer en la presunción o en la desesperación, según sea el caso. Probablemente, ante los momentos de opresión lo más complejo es saber esperar. Sin embargo, el no saber esperar conllevará entrar en actitudes reaccionarias que pueden suponer dos cosas: abandonar el oficio o hacer uso inadecuado del ejercicio profético.

El profeta se determina en abordar la crisis consciente de que Dios tiene la respuesta y, por tanto, no abandona la esperanza de que Dios se revele. "Velaré para ver lo que se me dirá" (2:1). *Velaré para ver* significa *miraré.*[31] Es una expectativa evidente de que, a pesar de su queja, no ha perdido la confianza en que Dios tiene una palabra que le aportará la visión anhelada.

A pesar de lo que los sentidos le transmiten en relación con lo que le rodea, Habacuc no ha perdido la fe y la confianza en Dios. Es significativo el énfasis que se concibe cuando se hace referencia al hecho de "ver lo que se me dirá." Al respecto, lo más razonable es que lo que se diga se escuche, no se vea. Pero nuevamente, nos hallamos ante una evidencia de que la Palabra produce visión. Es decir, que lo que Dios le dirá se convertirá para el profeta en una visión que le permitirá no solo concebir una cosmovisión acorde a las circunstancias, sino que también le dará las claves para abordar su labor como profeta enfocado en el presente y poniendo bases de futuro.

Escribiendo la visión

"Escribe la visión, y declárala en tablas, para que corra el que leyere en ella" (Habacuc 2:2). El profeta recibe la orden de Dios para que escriba en tablillas la visión. No debe quedar tan solo en el ámbito de lo personal del profeta. Todos deben estar atentos a lo que Dios ha declarado y leerla con facilidad, o bien, según

31 DUNNING, H. Ray. *Comentario Bíblico Beacon, Tomo V.* Kansas City: Editorial Casa Nazarena de Publicaciones, 1965 p. 272, 273.

algunos estudiosos del original, para que pueda correr por sus vidas el entender la visión escrita. De cualquier modo, el énfasis radica en la necesidad de que la visión sea plasmada como referencia fundamental en la proyección del oficio del profeta y el destino del pueblo

Este principio de declarar la visión es uno de los elementos fundamentales que todo líder debe tener presente. Al escribir una visión, se ejerce la voluntad para implementar lo que se ha recibido, y esto se convertirá en un sueño que es compartido a todo el que lee.

> La quinta clave para poder entender la visión es poder darse cuenta de que es tanto personal como corporativa; la visión personal siempre se va a encontrar dentro de una visión corporativa más grande. No es el método de Dios darle visión a todo un grupo. Él da la visión a un individuo, el cual comparte su visión con el grupo, y transfiere la visión hacia ellos. Los miembros del grupo entonces van a correr con esta misma visión debido a que ellos se dan cuenta de que tiene un lugar en su vida y que permite que sus visiones personales también se realicen.[32]

32 MUNROE, Myles. *Los Principios y el Poder de la Visión.* Nassau, Whitaker House, 2003. p. 64.

El invierno de la visión

Uno de los momentos más críticos para todo visionario es cuando lo creído se demora. Es cuando las promesas parecen no llegar al cumplimiento anhelado y los tiempos se hacen interminables. Saber esperar el tiempo del cumplimiento es una virtud que debe estar anclada en los que con esperanza aguardan lo prometido. Lo más complejo no es que Dios hable y nos permita ver un futuro de esperanza, sino que lo que resulta más desafiante es el lapso de tiempo que toca esperar entre la declaración de la visión y el tiempo del cumplimiento. El tiempo entre la Palabra y el cumplimiento es el proceso que atraviesa la promesa y que lo podemos calificar como el invierno de la visión.

Dios anticipa el invierno de la visión y declara: "Aunque la visión tardará aún por un tiempo, mas se apresura hacia el fin, y no mentirá; aunque tardaré, espéralo, porque sin duda, vendrá, no tardará" (Habacuc 2:3).

Toda visión tiene una perspectiva presente y futura. La presente tiene que ver con la respuesta que provoca una comprensión de las circunstancias o el conflicto presente, sin que ello conlleve necesariamente un cumplimiento inminente de promesas o resolución del conflicto.

Por otro lado, la perspectiva futura apunta hacia el cumplimiento. Así que, podemos concluir que la visión tiene un punto de partida desde el momento que es revelada y una proyección de futuro que no será interrumpida, ya que será apresurada hacia el fin, queriendo Dios enfatizar que no será obstaculizada. Por lo cual, debe ser esperada con plena garantía de que vendrá en cumplimiento.

Por otro lado, el verbo en la cláusula "y no mentirá" es el referido a los arroyos que en el verano tienden a secarse, por lo que al decir no mentirá, está queriendo expresar la idea de que aunque no veamos las corrientes de aguas fluir, debemos confiar en que estas fluyen en el ámbito de lo subterráneo para emerger en el destino para el cual han nacido.[33]

Volviendo a la visión del profeta Jeremías, recordemos que Dios le está mostrando una vara de almendro. Esta vara de almendro tiene gran alcance por razón de su significado. En hebreo, la palabra almendro es *saqé,* de la misma raíz que el término velar.[34] Así que Dios está mostrando a Jeremías un almendro, que es el primer árbol en mostrar su flor aun cuando es invierno. Por eso es el vigilante, el que da la bienvenida a la primavera. Cuando todo parece estar dormido, Dios está vigilante, listo para dar cumplimiento a su Palabra.

El invierno es una época del año que representa una aparente crisis por parecer todo estancado, dormido. Sin embargo, atendiendo a las leyes de la naturaleza, se hace imprescindible el invierno por ser parte del proceso de la vida. El invierno representa la crisis de la visión, cuando parece que lo prometido no se cumple y el árbol parece haber perdido su vigor. Pero, justo en este

---

33 DUNNING, H.Ray. *Comentario Bíblico Beacon, Tomo V.* Kansas City: Editorial Casa Nazarena de Publicaciones, 1965 p. 273.

34 HIDNER, Derek. *Comentario Antiguo Testamento.* Barcelona: Editorial Andamio. p. 35.

tiempo, es cuando se hace necesario no abandonar la esperanza frente al cumplimiento de las promesas de Dios que han conformado la visión esperada.

De hecho, algunos cometen el error de cortar el árbol en invierno ante lo que parece ser la muerte de un sueño, de un ministerio, o de un proyecto determinado. Ciertamente, esto representa lo que en ocasiones suele convertirse en la mutilación de ministerios que atraviesan momentos de letargo en sus vidas por haber confundido el invierno con la muerte. Así que, lo que Dios dice es que Él velará para que llegue la primavera, que el árbol vigilante florecerá, y al profeta que anuncie que el cumplimiento de la visión se dará.

No debemos olvidar que, durante el invierno, la naturaleza en su sabiduría hace que la savia de los árboles se concentre en las raíces. De esta forma, el árbol se apropia de todos los nutrientes del interior de la tierra cuando el mundo exterior parece sucumbir ante la intemperie o la hostilidad de la crisis invernal. Durante este período, las raíces trabajan, el tronco parece estar seco. Pero es preciso no perder de vista la perspectiva divina que nos recuerda que la visión no miente; es decir, que aunque pase por momentos de sequedad o de improductividad no significa que está muerta. Por consiguiente, nunca se debe cortar el árbol en invierno o maldecir el árbol, ya que esto significaría renunciar a la esperanza. De hecho, renunciar a las promesas por causa de no verlas cumplidas puede significar abandonar el lugar donde el árbol se ha plantado, el propósito de ser árbol y, en definitiva, la visión.

Durante el invierno, al contrario de que el árbol perezca, en realidad se está renovando, revitalizando y preparándose para el avivamiento de la primavera. Las raíces están haciendo su labor alimentando al árbol y dando cumplimiento al ciclo de vida, aportando la savia necesaria para que después del invierno surja el fruto totalmente renovado y lleno de potencial. Esto es justo lo que pasa con los ministerios y con todo aquel que confía en Dios. Es cierto que el invierno no es bienvenido en el ejercicio de la labor encomendada y, hasta en ocasiones, parece que la visión es un espejismo. Con todo, sin duda, es parte vital del crecimiento o/y de la madurez de cada creyente o ministro. En esta línea de pensamiento, podemos advertir una hermosa lección a través del escrito del apóstol Pablo, cuando comparte una enseñanza perfectamente aplicable a lo tratado: "Si las primicias son santas, también lo es la masa restante; y si la raíz es santa, también lo son las ramas" (Romanos 11:16).

También, durante el tiempo del invierno, hay tendencias reaccionarias propias de quienes han perdido de vista la visión encomendada por Dios. Una de ellas es arremeter contra el árbol y menospreciar la visión. Esto es lo que algunos hacían en tiempos del profeta Ezequiel.

> … ¿Qué refrán es este que tenéis vosotros en la tierra de Israel, que dice: Se van prolongando los días, y desaparecerá toda visión? Diles, por tanto: Así ha dicho Jehová el Señor: No se tardará más ninguna de mis palabras, sino que la palabra que yo

> hable se cumplirá, dice Jehová el Señor (Ezequiel 12:22, 28).

Es lo mismo que canta el incrédulo. Son los refranes o expresiones que se recitan cuando, al no verse el cumplimiento, se desatinan algunos maldiciendo o menospreciando la visión profética que Dios ha declarado hacia su pueblo. Es probable que muchos ya estén acostumbrados a este concierto patético de frases reiterativas, tales como: "este lugar es un cementerio de misioneros, pastores y evangelistas," "este país es muy duro, nunca pasa nada."

La otra tendencia que suele suceder en el invierno de la visión es recurrir a los aceleradores artificiales que eluden la travesía invernal o el letargo. Es muy común en nuestra sociedad eclesial actual construir invernaderos para dar un crecimiento artificial a la iglesia o a los sueños. Estos invernaderos buscan eludir el proceso natural y, mediante estructuras artificiales, tratan de reproducir crecimiento y multiplicación, con lo cual da como resultado un fruto quizás aparente, pero poco resistente ante los envites de la vida normal. Está claro que lo mencionado apunta a los aceleradores del crecimiento que en ocasiones se aplican al desarrollo de la iglesia, o que nos están mostrando atajos a lo que es inevitable experimentar para dar fruto con solvencia y suficiente madurez; es decir, el invierno. La motivación del uso de estos aceleradores y estructuras artificiales tiene que ver con la fiebre exitista y la búsqueda por imitar estereotipos de prosperidad que acaban generando un tremendo despiste respecto a la visión que Dios ha dado o desea dar.

La primavera de la visión

De vuelta al almendro, este no debe temer el invierno. El almendro está diseñado para vivir en pedregales, en tierras áridas donde otros árboles no resistirían su implantación. Así que, lo que Dios está diciendo al profeta es que su Palabra es el almendro que está siendo vigilado para que anuncie la llegada de la primavera, la estación cuando se oirá el canto de la tórtola: "Porque he aquí ha pasado el invierno, Se ha mudado, la lluvia se fue; Se han mostrado las flores en la tierra, El tiempo de la canción ha venido, Y en nuestro país se ha oído la voz de la tórtola" (Cantares 2:11-22).

Al recordar la primavera, uno de los aspectos importantes del tema que nos ocupa en este trabajo es advertir sobre la necesidad de ser fieles a la visión de Dios. Una visión profética se sostiene por sí misma y es Dios quien se encarga de vigilar su cumplimiento. Tras un llamado divino, siempre está el compromiso vital del Espíritu Santo para hacer que nunca peligre el cumplimiento de la visión. Incluso cuando parece que el tronco se secó y ciertos factores intencionales o accidentales vienen a golpear la vida de los sueños o las promesas de Dios, haciendo que el tronco quede moribundo, el profeta no debe abandonar su puesto, su lugar en donde el Espíritu visitará sus raíces para provocar el avivamiento tan esperado. "Porque si el árbol fuere cortado, aún queda de él esperanza; retoñará aún, y sus renuevos no faltarán. Si se envejeciere en la tierra su raíz, y su tronco fuere muerto en el polvo, al percibir el agua reverdecerá, y hará copa como planta nueva" (Job 14:7-9). Precisamente, es en primavera cuando la lluvia descenderá a la tierra y hará despertar la semilla y potenciará los fertilizantes.

La vara de almendro no solo va a representar la Palabra y el cumplimiento de la visión. También viene a representar la labor del profeta. El profeta es el vigilante, el que vive adelantado a los tiempos y anuncia lo que viene de parte de Dios. Se anticipa y manifiesta con su expectativa y estilo de vida que el invierno pasará y que el pueblo se ha de disponer para la cosecha. El almendro, cuando florece, lo hace vistiendo el paraje inhóspito de un verdadero recital de color y vida. Cada flor de sus ramas está vistiendo de fiesta y celebración lo que será una abundante cosecha.

La primavera habla del tiempo del cumplimiento. Este mismo pensamiento lo podemos aplicar a la tierra que mantiene escondida la semilla durante tiempo incierto hasta que la lluvia inunda el sequedal y el desierto se convierte en campo fértil. "Porque los palacios quedarán desiertos, la multitud de la ciudad cesará; las torres y fortalezas se volverán cuevas para siempre, donde descansen asnos monteses, y ganados hagan majada; hasta que sobre nosotros sea derramado el Espíritu de lo alto, y el desierto se convierta en campo fértil, y el campo fértil sea estimado por bosque. Y habitará el juicio en el desierto, y en el campo fértil morará la justicia. Y el efecto de la justicia será paz; y la labor de la justicia, reposo y seguridad para siempre. Y mi pueblo habitará en morada de paz, en habitaciones seguras, y en recreos de reposo" (Isaías 32:14-18).

De igual forma, el profeta Jeremías anuncia el cumplimiento de su Palabra sobre el regreso de los cautivos de Babilonia:

"Porque así dijo Jehová: Cuando en Babilonia se cumplan los setenta años, yo os visitaré, y despertaré sobre vosotros mi buena palabra, para haceros volver a este lugar" (Jeremías 29:10). Justo esta palabra de Jeremías llega en contraposición con los falsos profetas que pretendían anunciar un exilio de dos años (Jeremías 28:3, 11), lo que habría supuesto un desgaste cruel e inútil. Sin embargo, en el invierno de los setenta años, Babilonia iba a representar un papel importante en el concierto mundial, y servirá de tierra para un trato divino para el pueblo de Israel.[35] Por tanto, el tiempo debía darse en el calendario divino sin saltarse ni una sola fase para no abortar el plan de una visión que, aunque parece tardar, se dará en cumplimiento.

---

35 HIDNER, Derek. *Comentario Antiguo Testamento.* Barcelona: Andamio. p. 118-119.

6

SUCEDÁNEOS DE LA VISIÓN

Uno de los grandes peligros existentes en la vida del cristiano se produce cuando la visión profética se confunde con aspectos visionarios no regidos por la influencia del Espíritu Santo. Esto puede dar lugar a proyectos alejados de la iniciativa divina, aun cuando estos se disfracen de "Palabra de Dios." Sobre todo, este peligro está dado en quienes, albergando cierta jerga, con gran facilidad atribuyen a Dios iniciativas propias, personalistas y hasta en muchas ocasiones nocivas.

Algunos sucedáneos se dan en muchas iniciativas ministeriales o personales que surgen de la falta de saber esperar en Dios. Sobre todo, cuando la presión comienza a imponerse en momentos críticos y provoca que se abandone el lugar de la fortaleza. "He aquí, aquel cuya alma no es recta, se enorgullece, mas el justo por su fe vivirá. Y también... hombre soberbio, que no permanecerá" (Habacuc 2:4-5).

La ambición

El diccionario de la Real Academia Española (RAE) define la ambición como el deseo de obtener poder, riquezas o fama. El término procede del latín *ambitio y puede utilizarse con sentido positivo o negativo.*[36]

La ambición, tal y como la define la RAE, tiene un doble filo. Por un lado, nos resulta imprescindible para el progreso ya que nos impulsa al desarrollo, a mejorar, a crecer y no conformarnos

36 http://definicion.de/ambicion/ (21 de mayo de 2014).

a la mediocridad. Así que esta parte de la ambición nos conviene, ya que nos resulta saludable para avanzar hacia espacios nuevos de conquista. De hecho, ser visionario conlleva la necesidad de ser movidos por el motor de cierta ambición saludable, ya que es también importante evadir tendencias místicas por parte de quienes se dedican a esperar el cumplimiento sin procurar el cumplimiento de las promesas, las cuales se harán realidad por medio de quienes le han creído (2 Corintios 1:20).

El aspecto negativo de la ambición lo vemos cuando no se ponen límites y el deseo es tan intenso, que se convierte en la persona en una pasión desenfrenada. Esta lo lleva a violar las normas éticas o legales para concretar lo que se proponga sin medir las consecuencias que puedan ocasionar a su propia vida, la de su familia o de aquellos con quienes convive.

Lo cierto es que, cuando la ambición desplaza a la visión, el respaldo de Dios no puede perdurar, por cuanto el Espíritu Santo se compunge por causa de no poder compartir su lugar con la manipulación, la seducción, la codicia o el desenfreno.

Estamos programados para pensar en términos de promoción, publicidad, imagen pública y apelación. Tales cosas comercializan el ministerio y abundan en técnicas de espectáculo. O para usar las palabras de Pablo: andando con astucia, ... adulterando la palabra de Dios, ... nos predicamos a nosotros mismos . . . Permítame advertirle del peligro de la *ambición egoísta.* Calladamente y de maneras sutiles, usted puede manipular a otros para que lo noten, para que se impresionen con usted. El narcótico barato de la ambición puede amortiguar el dolor de su conciencia interna...

pero usted puede remontar la cresta de la fama de cosecha propia solo por un momento. Al final, ahí, muerde como serpiente. Las palabras de Salomón vienen bien: "Pues los caminos del hombre están delante de los ojos del Señor, y Él observa todos sus senderos. De sus propias iniquidades será presa el impío y en los lazos de su pecado quedará atrapado"[37] (Proverbios 5:21-22).

La ilusión

Definición de la RAE: Ilusión: Del latín *illusio, -ōnis.*

1. f. Concepto, imagen o representación sin verdadera realidad, sugeridos por la imaginación o causados por engaño de los sentidos.
2. f. Esperanza cuyo cumplimiento parece especialmente atractivo.
3. f. Viva complacencia en una persona, una cosa, una tarea, etc.
4. f. Ret. Ironía viva y picante [38].

Al definir lo que es ilusión, podemos añadir algo más a lo que la RAE describe; aunque lo que más nos interesa a efectos del presente estudio es lo referido en el primer punto de la definición. En otras palabras, nosotros podríamos describir la ilusión como

---

37 http://www.visiónparavivir.org/ministerio/articulos/liderazgo-ambicion-0 (21 de mayo de 2014).

38 http://lema.rae.es/drae/?val=ilusi%C3%B3n (21 de mayo de 2014).

una imagen sugerida por los sentidos que carece de verdadera realidad. O también, como la esperanza que carece de fundamento.

La Nueva Enciclopedia Larousse define ilusión de la siguiente manera:

> Imagen de un objeto que aparece en la conciencia distinto a como es en la realidad... Hacerse, o forjarse ilusiones, esperar, sin fundamento real, la realización de los deseos...[39]

Pero acercándonos a los sinónimos de lo que es ilusión podríamos hablar de espejismo, ensueño, delirio, ficción, imaginación, alucinación, fantasía, quimera, utopía.[40]

En relación con la visión profética, la ilusión es parte de lo que puede contribuir a una mayor confusión en cuanto a la diferencia que puede existir entre revelación e imaginación. La revelación da lugar a la visión, pero la imaginación promueve la ilusión. Incluso más peligroso resulta todavía cuando la ilusión es promovida por espíritus engañadores que se infiltran en el ámbito de la fe de las personas y causan verdaderos estragos a las personas, familias y comunidades.

Un elocuente ejemplo de lo que puede producir la ilusión lo hallamos en el libro del profeta Isaías 29:8. El ejército de Asiria que soñó con una gran conquista que acabó siendo una vana

---

39 *Nueva Enciclopedia Larousse, Tomo quinto.* Barcelona: Editorial Planeta, 1981 p. 5095.

40 http://www.wordreference.com/sinonimos/ilusi%C3%B3n (21 de mayo de 2014).

ilusión. "Y les sucederá como el que tiene hambre y sueña, y le parece que come, pero cuando despierta, su estómago está vacío; o como el que tiene sed y sueña, y le parece que bebe, pero cuando despierta, se halla cansado y sediento…." Si bien el ejemplo señala a un pueblo enemigo de las huestes del Señor, no cabe duda de que resulta perfectamente aplicable a quienes son creyentes. Alimentar esperanzas vanas puede acabar suponiendo un verdadero varapalo emocional, y puede dar lugar al desaliento, expresado en el texto bíblico en forma de acabar "cansado y sediento."

Tratando de evidenciar algunas de las causas que promueven las ilusiones en la vida de algunos creyentes, es indudable que son varias. Podemos referir la que es fruto de la ambición personal. Tal y como señalamos en el apartado anterior, puede ser debido a la falta de una comunión cercana al Señor que permita un discernimiento adecuado. También, la ilusión puede deberse a la falta de sujeción a la dirección profética de un pastor o una autoridad espiritual responsable.

Respecto a esto último, en ocasiones hay cierta resistencia por parte de quien vive bajo la influencia de cierta ilusión, pensando que un determinado consejo puede amenazar el logro de lo soñado. Sin embargo, resultará todo lo contrario a la luz del principio que emana del consejo de la Palabra: "Creed en Jehová vuestro Dios, y estaréis seguros; creed a sus profetas, y seréis prosperados" (2 Crónicas 20:20). Lamentablemente, este texto ha sido usado en forma desacertada por quienes se postulan como portadores de una unción profética y que acaban desplazando la verdad. De hecho, este texto es perfectamente aplicable a los pastores de las congregaciones y ministros que sin ser elevados a esferas de popularidad, sí ejercen una labor profética excelente a través de su consejería, pastorado o en sus predicaciones.

Añadido a las causas ya mencionadas, y al hilo de lo dicho en la última parte del párrafo anterior, cabe mencionar a quienes son inductores de engaño o falsa profecía, bien porque sigan a sus propias ilusiones o porque estén bajo la influencia de espíritus engañadores (Deuteronomio 13:1-5; Jeremías 23:25-33).

Ante este tipo de personajes, Dios es implacable en cuanto a la forma de actuar frente a ellos. Suponen un verdadero peligro, ya que las consecuencias vendrán a ser la desviación de las personas hacia el engaño. También conducen hacia la negación de la voluntad de Dios para acabar destruyendo sus vidas, las de sus familias y hasta de sus propias naciones.

Jesús advirtió sobre el peligro latente en los postreros días diciendo: "porque se levantarán falsos Cristos, y falsos profetas, y mostrarán grandes señales y prodigios, hasta el punto de engañar, si fuera posible, aun a los escogidos" (Mateo 24:24). Esta advertencia de Jesús alberga la idea del gran poder ilusionista que tienen los falsos profetas que se levantarán en los tiempos finales. Muy probablemente, parte de su poder de ilusionar se deba a que esos falsos ungidos profetas no sean extraños a los hermanos, sino todo lo contrario.

> Hijitos, ya es el último tiempo; y según vosotros oísteis que el anticristo viene, así ahora han surgido muchos anticristos; por esto conocemos que es

> el último tiempo. Salieron de nosotros, pero no eran de nosotros; porque si hubiesen sido de nosotros, habrían permanecido con nosotros; pero salieron para que se manifestase que no todos son de nosotros. Pero vosotros tenéis la unción del Santo, y conocéis todas las cosas. No os he escrito como si ignoraseis la verdad, sino porque le conocéis, y porque ninguna mentira procede de la verdad. (1 Juan 2:18-21).

También el apóstol Pablo es bien explícito al señalar la influencia de los engañadores en la vida de muchos creyentes hasta el punto de apostatar. Lo cual quiere decir que la "unción ilusionista" irá en aumento a medida que se acerque el tiempo final. La Palabra de Dios nos advierte del fuerte nivel de actividad espiritual existente en los tiempos finales, hasta el extremo de que la doctrina estará manipulada por los mismos demonios. Sin duda, Satanás se presenta como un verdadero prestidigitador, un ilusionista encantador de almas ingenuas e ilusas. "Pero el Espíritu dice claramente que en los postreros tiempos algunos apostatarán de la fe, escuchando a espíritus engañadores y a doctrinas de demonios" (1 Timoteo 4:1; comp. 2 Tesalonicenses 2:11; 1 Timoteo 1:4; Ezequiel 24:9; Deuteronomio 13:13, 5).

7

EL IMPULSO DE LA VISIÓN

La fuente de la visión

Hay dos textos, en el libro de Jeremías, que son suficientemente elocuentes como para hacer notar la fuente que resultó fatal para el pueblo de Israel. Fue grave la actitud del pueblo que incluso superó en maldad a los padres que perecieron en el desierto y fueron tras dioses ajenos. Jeremías va a denunciar una conspiración que provoca ruptura en rebelión contra Dios y contra el pacto. Se trata de una generación que sigue bajo la estela de los designios de su corazón malvado, en vez de escuchar la voz de Dios.[41] "Pero no oyeron, ni inclinaron su oído, antes se fueron cada uno tras la imaginación de su malvado corazón" (Jeremías 11:8) "y vosotros habéis hecho peor que vuestros padres; porque he aquí que vosotros camináis cada uno tras la imaginación de su malvado corazón, no oyéndome a mí" (Jeremías 16:12).

Jeremías es el profeta que más atención presta a la tendencia visionaria del corazón. Él identifica el corazón como la fuente más perversa que pueda existir para desviar al hombre de la visión de Dios. "Engañoso es el corazón más que todas las cosas, y perverso; ¿quién lo conocerá? Yo El Señor, que escudriño la mente, que pruebo el corazón, para dar a cada uno según su camino, según el fruto de sus obras" (Jeremías 17:9, 10).

41 HENRY,Mathew. *Comentario Bíblico de Matthew Henry*. Terrassa: Editorial CLIE, 1999. p. 833

Contrarrestar esta tendencia natural en el hombre de ir tras los designios de su corazón, solo es posible cuando recurrimos a la fuente de la revelación: el secreto de Dios.

> Así ha dicho Jehová de los ejércitos: No escuchéis las palabras de los profetas que os profetizan; os alimentan con vanas esperanzas; hablan visión de su propio corazón, no de la boca de Jehová. Dicen atrevidamente a los que me irritan: Jehová dijo: Paz tendréis; y a cualquiera que anda tras la obstinación de su corazón, dicen: No vendrá mal sobre vosotros. Porque ¿quién estuvo en el secreto de Jehová, y vio, y oyó su palabra? ¿Quién estuvo atento a su palabra, y la oyó? (Jeremías 23:16-18).

Buscar en el secreto de Dios es alcanzar el lugar más íntimo con Él, es el lugar de revelación. "Pero tú, cuando ores, entra en tu cuarto, cierra la puerta y ora a tu Padre que está en secreto; y tu Padre, que ve en lo secreto, te recompensará en público" (Mateo 6:6).

No cabe duda de que la fuente de la visión profética está en la comunión diaria con el Señor. Frente a ello, es fácil contrastar el origen de la crisis, que está basado en la desobediencia a Dios y, por tanto, engendra injusticia y perversión. "Si tú de mañana buscares a Dios, y rogares al Todopoderoso; si fueres limpio y recto, ciertamente luego se despertará por ti, y hará próspera la morada de tu justicia. Y aunque tu principio haya sido pequeño, tu postrer estado será muy grande" (Job 8:5-7). En suma, el texto de Job propone buscar a Dios de mañana. Se trata de establecer el enfoque y la prioridad. Por otro lado, no solo es necesario conocer la fuente, también se hace imprescindible la integridad: limpio y recto (conducta justa). Por lo cual, ante esta determinación, Dios promete un despertar de su gloria.

Focalizando la visión

Resulta de gran valor atender a las diversas traducciones de Proverbios 29:18:

- "Sin profecía el pueblo se desenfrena" (RVR-1960).
- "Donde no hay visión, el pueblo se extravía" (NVI).
- "Donde no hay dirección divina, no hay orden" (Dios Habla Hoy).

Es relevante el que las distintas traducciones vengan a referirse a la traducción de *bazo* indistintamente como profecía o visión. Sin embargo, en este caso se enfatiza la importancia de que la profecía y la visión dirijan al pueblo por medio de quien ha de impartirlas: sacerdotes, reyes y profetas. El texto de Proverbios nos lleva a recordar el de Jueces 17:6: "En aquellos días no había rey en Israel; cada uno hacía lo que bien le parecía."

La razón por la cual esto sucede es por incumplimiento de los preceptos marcados por la Ley en referencia al rey. "Y cuando se siente sobre el trono de su reino, entonces escribirá para sí en un libro una copia de esta ley... y lo tendrá consigo, y leerá en él todos los días de su vida, para que aprenda a temer a Jehová su Dios" (Deuteronomio 17:18-19). Y en referencia al profeta, Dios promete levantar a quien impartirá profecía al pueblo para que este sea guiado "Profeta les levantaré de en medio de sus hermanos... mas a cualquiera que no oyere mis palabras que él hablare en mi nombre, yo le pediré cuenta" (Deuteronomio 18:18, 19).[42] Consiguientemente, es importante que quien dirige al pueblo le provea visión o profecía. Ya aludimos en otro apartado a la referencia a los tiempos del sacerdote Elí, cuando la visión escaseaba (1 Samuel 3:1), y la razón la observamos en el descuido del sacerdocio de sus funciones proféticas. Estaban más entregados a sus intereses que a los del pueblo, por lo cual hacían pecar al pueblo por su funesta visión.

La visión profética permite determinar una hoja de ruta. "Determinarás así mismo una cosa, y te será firme, y sobre tus caminos resplandecerá la luz" (Job 22:28). Es indispensable no caer en la acción improvisada si deseamos lograr que se cumplan las promesas. La visión permite establecer pautas que provocan lo contrario a la improvisación: la previsión, que tiene el sentido de ver antes de que las cosas sucedan. De esta manera, se podrá distinguir a quien, dirigido por una visión, vive activado haciendo que las cosas sucedan (proactivo) y no acaba envuelto en la trampa reaccionaria de quien no se adelanta a los acontecimientos. Solo los visionarios dirigidos por la acción profética logran satisfacer las metas.

42 SHÖKEL, Alonso. *Proverbios*. Madrid: Ediciones Cristiandad, 1984. p. 503-504.

Hay tres consecuencias directas derivadas de quien es visionario: (1) Sabe indicar a dónde ir; (2) es creíble para ser seguido; (3) es influyente en sus decisiones. Por tanto, estas cualidades harán de un visionario alguien que marcará la historia. Consecuencia directa de lo dicho es que al saber comunicar la visión, ser creíble e influyente, provocará un efecto catalizador en aquellos que están bajo su liderazgo para conseguir la manifestación del poder de una visión con alcance profético. El resultado será que la visión se convierta en la energía que hay detrás de cada esfuerzo y el resorte que impulsará por encima de los problemas a quien abrace la visión. Que esto provoque un entusiasmo contagioso; promueva una unidad que provoque el sacrificio en las intenciones personales, o los proyectos particulares, con tal de hacer prevalecer la visión corporativa y el alcance de los sueños de la comunidad. Al contrario del impulso de una visión profética, cuando esta no rige los destinos de la comunidad se producirá un vacío de liderazgo que abrirá paso a los personalismos. Se producirá falta de compromiso y, consiguientemente, las personas acabarán enfocándose en superficialidades o trivialidades. Los problemas serán sobredimensionados para convertirse en gigantes implacables.

Definitivamente, estamos llamados a mirar bien lo que oímos (Marcos 4:24) para no perder de vista el foco. Pablo manifiesta una llamada de atención en los momentos difíciles ante los que es necesario saber dónde poner la atención y no ser distraídos: "no mirando las cosas que se ven, sino las que no se ven; pues las cosas que se ven son temporales, pero las que no se ven son eternas" (2 Corintios 4:18).

Justamente, uno de los pasajes que muestran un claro ejemplo de una comunidad que perdió el foco como consecuencia de haber perdido la visión profética es Laodicea. Ya el apóstol Pablo había mostrado una seria preocupación por el estado de los creyentes en esta ciudad (Colosenses 2:21; 4:16). Era deplorable el estado de esta iglesia por razón de su orgullo e irrelevancia en su testimonio. Se habían convertido en una comunidad diluida en la opulencia y riqueza de la ciudad. Sus obras habían sido observadas por el Señor como nauseabundas por razón del profundo desvío en su razón de ser como iglesia en cuanto a la fidelidad y a la verdad. De ahí que el Señor no dé ni una sola palabra de aprobación en cuanto a su proceder, si bien es evidente el amor que dispensa para esta iglesia carente de perspectiva a causa de estar absolutamente imbuida por su ceguera. Su visión, en realidad, era una absoluta ambición por asociarse y ser parte del destino de la opulenta y próspera ciudad de Laodicea, por lo que había dado la espalda a su condición como luz y sal.

> Y escribe al ángel de la iglesia en Laodicea: He aquí el Amén, el testigo fiel y verdadero, el principio de la creación de Dios, dice esto: Yo conozco tus obras, que ni eres frío ni caliente. ¡Ojalá fueses frío o caliente! Pero por cuanto eres tibio, y no frío ni caliente, te vomitaré de mi boca. Porque tú dices: Yo soy rico, y me he enriquecido, y de ninguna cosa tengo necesidad; y no sabes que tú eres un desventurado, miserable, pobre, ciego y desnudo.

> Por tanto, yo te aconsejo que de mí compres oro refinado en fuego, para que seas rico, y vestiduras blancas para vestirte, y que no se descubra la vergüenza de tu desnudez; y unge tus ojos con colirio, para que veas (Apocalipsis 3:14-18).

Es interesante observar el significado del nombre de esta iglesia. Proviene de dos palabras griegas, que son *Laos* "pueblos o muchedumbre" y *dike* "derecho", lo cual hace una clara alusión a los "derechos de los pueblos",[43] o sea, al humanismo. Por otro lado, esta ciudad era conocida por sus tejidos y su comercio.

No obstante, algo que resulta interesante y que fortalece el argumento del punto que queremos tratar, es la referencia a la industria farmacéutica existente en esta ciudad.[44] Se trataba de la comercialización de los preciados polvos frigios consistentes en un remedio que permitía dar curación a la infección de los ojos provocada por el polvoriento e infecto ambiente de las ciudades, y que se introducía en los lagrimales produciendo abundantes enfermedades en los ojos hasta el punto de causar ceguera. Así que, cuando el Ángel del Señor se dirige a la iglesia y le indica que use el colirio para los ojos con el fin de ver, lo que está haciendo el Señor es recordarle a la iglesia en Laodicea que a pesar de sus riquezas y posición privilegiada, ha perdido la visión. Por tanto, debe aplicarse el colirio indispensable para volver a ver y advertir

---

43 http://etimologias.dechile.net/?Laodicea (22 de mayo de 2014).

44 ESCUAIN, Vila, *Nuevo Diccionario Bíblico Ilustrado.* Terrassa: Editorial Clie. 1985. p.659.

la verdadera condición en la que está: "desventurado, miserable, pobre, ciego y desnudo."

No deja de ser elocuente la referencia en el Apocalipsis a la iglesia en Laodicea. Perfectamente, puede estar representando a un sector importante de la Iglesia que en los tiempos actuales está influenciada por el "derecho de los pueblos." Como dije anteriormente, por un humanismo que puede estar desenfocando de la visión a la Iglesia del siglo XXI provocando que esta pierda su misión profética y, por tanto, su lugar de influencia en el mundo. No en vano, el mensaje a la iglesia en Laodicea acaba apelando al sentido capaz de hacer recobrar la visión profética: "el que tiene oído, oiga lo que el Espíritu dice a las iglesias."

CONCLUSIÓN

Con el desarrollo de este escrito propongo una asimilación del concepto de visión como una vivencia que toda persona puede y debe ser capaz de experimentar. Naturalizar la experiencia visionaria y profética es una necesidad claramente expuesta, y propia de la identidad de cada creyente que se precie a mantener una relación íntima y cotidiana con el Señor. Por ello, para poder entender la visión como parte innata de cada creyente, se ha hecho necesario: recurrir a un análisis retrospectivo de la experiencia profética y visionaria en las Escrituras; exponer con claridad el concepto de visión y su relación con el mensaje divino; razonar sobre la aplicación de la visión en el desenvolvimiento de la vida de las personas; atender a discernir lo que es visión de cualquier influencia visionaria alejada de la fuente de revelación divina; y por último, se ha reivindicado recobrar la visión como parte fundamental de la misión de la Iglesia para no perder de vista el foco de su razón de ser en la tierra.

El resumen de lo que se ha tratado de definir como visión, bien podría quedar enmarcado en la definición de George Barna, si bien su énfasis está dirigido al ámbito ministerial:

> "La visión para el ministerio es una imagen mental clara de un futuro mejor, impartida por Dios a sus siervos escogidos, y se funda en una comprensión precisa de Dios, uno mismo y las circunstancias."[45]

En nuestra exposición, queda patente la necesitad de que emerja un liderazgo influyente y significativo, en contraste con la avalancha de "visionarios" que hacen de la necesidad de las personas una verdadera fuente de riqueza sin escrúpulos de ninguna clase. Este tipo de influencias se está adentrando en la intimidad de las personas a través de los medios audiovisuales, redes sociales y eventos basados en una puesta en escena de una parafernalia sensacionalista y exhibicionista por parte del brujo, curandero, profeta o ungido de turno. Sin embargo, es imprescindible no caer en el error que algunos genuinos creyentes, siervos de Dios e iglesias han caído al reaccionar extremada o desmedidamente contra esta influencia optando por dos actitudes equivocadas: cerrarse a la visión profética y caer en la crítica desmedida.

Debemos velar y reivindicar que quienes tenemos la responsabilidad de comunicar el mensaje del evangelio, resultemos en una voz profética que alumbre el corazón de las personas o que le sean abiertos sus ojos para creer. Debemos renunciar a interpretar o a exponer la Palabra de Dios sin manipulación alguna y sin hacer uso de la astucia humana para procurar un efecto interesado en los oyentes. Ni la interpretación de la Escritura, ni la exposición del mensaje, debe ser una acción al margen de la inspiración

---

45 BARNA, George. *El Poder de la Visión.* Deerfield, Editorial Vida, 1992. p. 22.

del Espíritu Santo, pues "ninguna profecía de la Escritura es de interpretación privada, porque nunca la profecía fue traída por voluntad humana, sino que los santos hombres de Dios hablaron siendo inspirados por el Espíritu Santo (2 Pedro 1:20-21). No podemos ignorar que las fortalezas espirituales existentes en los aires y que, al mismo tiempo, operan en las mentes de las personas por medio de falsas ideas, no se pueden doblegar bajo el poder de la oratoria o de la creatividad humana.[46] Por el contrario, como portadores de luz-visión, miembros de la Iglesia como comunidad profética y visionaria por excelencia, lo primero es saber responder a la pregunta que Dios nos está demandando: "¿Qué ves?" para lograr hacer un diagnóstico certero en cuanto a la realidad que nos circunvala o nos toca vivir; en segundo lugar, debemos inclinar nuestro oído para "ver lo que Dios nos dirá" como respuesta a lo que la gente y nosotros mismos necesitamos ver y oír de parte de Dios; y en tercer lugar, abrazar al pueblo con el mensaje profético capaz de generar fe en aquellos que, oyendo, puedan abrir sus ojos.

Necesitamos una revelación de Dios para experimentar un cambio de perspectiva en cuanto al lugar donde hemos sido colocados. Esto solo puede suceder cuando la tierra que ocupamos se

---

46 "Antes bien renunciamos a lo oculto y vergonzoso, no andando con astucia, ni adulterando la palabra de Dios, sino por la manifestación de la verdad recomendándonos a toda conciencia humana delante de Dios. Pero si nuestro evangelio está aún encubierto, entre los que se pierden está encubierto; en los cuales el dios de este siglo cegó el entendimiento de los incrédulos, para que no les resplandezca la luz del evangelio de la gloria de Cristo, el cual es la imagen de Dios" (2 Corintios 4:2-4).

convierte en casa de Dios y puerta del cielo. "Y despertó Jacob de su sueño, y dijo: Ciertamente Jehová está en este lugar, y yo no lo sabía" (Génesis 28:16).

> Como Jacob, solo una noche que pasemos en la presencia de Dios... puede cambiar nuestras vidas para siempre, más que muchos años de aprendizaje y esfuerzo personal... ¿Cuántos de nosotros hemos visto a nuestros barrios o la ciudad en que vivimos nada más que un desierto árido o un lugar seco y rocoso, tan poco atractivos...? Con mucha frecuencia maldecimos el lugar de nuestra misión, porque no podemos verlo a través de los ojos de Dios... todos nosotros, seamos líderes o no, necesitamos alcanzar la perspectiva de Dios. Cuando lo hagamos, toda nuestra concepción, actitud y perspectiva cambiarán.[47]

Por último, cabe un llamado a volvernos a la fuente de la revelación divina. Dios está con una clara intención de seguir haciéndose oír para darse a conocer y dar a conocer su plan para la humanidad y para nuestras vidas en particular. El mundo estresado en el que nos vemos envueltos nos roba tiempo de quietud, y la intensa demanda para ser productivos nos aporta mucha presión. No saber esperar en Dios y vivir bajo la presión del activismo para ser competitivo nos alejará de la intimidad necesaria para

47 GOLL, Jim W. *El Vidente,* Buenos Aires, Editoriales Peniel, 2004, p. 184-186.

percibir la visión de Dios que emana de su secreto. Es necesario que podamos encerrarnos con el Señor para que los ruidosos decibelios del mundo y sus espurias motivacionales no nos impidan ver la verdadera realidad de nosotros mismos y del mundo que nos rodea, con el fin de obtener en su presencia la visión estratégica que nos permita ser acertados en nuestra misión en la vida. En suma, la búsqueda del Señor en oración es la verdadera fuente. "Mas tú, cuando ores, entra en tu aposento, y cerrada la puerta, ora a tu Padre que está en secreto; y tu Padre que ve en lo secreto te recompensará en público" (Mateo 6:6). De igual manera, buscar a Dios y expresarle nuestro clamor ante ciertos momentos de angustia y de extrema necesidad, no quedará sin respuesta: Dios promete responder y desvelarnos sus secretos, los más escondidos a nuestra imaginación o creatividad y los más distantes de nuestras posibilidades humanas: "Clama a mí, y yo te responderé, y te enseñaré cosas grandes y ocultas que tú no conoces" (Jeremías 33:3).

BIBLIOGRAFÍA

- ATKINSON, David. *Comentario Antiguo Testamento Andamio, Génesis 1-11.* Barcelona: Publicaciones Andamio, 1990.
- BARCLAY, C. William. *Comentario al Nuevo Testamento, Volumen III,* 1995.
- BARNA, George. *El Poder de la Visión,* Deerfield: Editorial Vida, 1992.
- DOUGLAS, J.D. *Nuevo Diccionario Bíblico,* Quito: Ediciones Certeza.
- DUNNING, H.Ray. *Comentario Bíblico Beacon, Tomo V.* Kansas City: Editorial Casa Nazarena de Publicaciones, 1965.
- ENCICLOPEDIA DE LA BIBLIA. Barcelona: Ediciones Garriga, S.A., 1963.
- ESCUAIN, Vila, *Nuevo Diccionario Bíblico Ilustrado.* Terrassa: Editorial Clie. 1985.
- GOLL, Jim W., *El Vidente,* Buenos Aires: Editorial Peniel, 2004.

- HARPER, A.F., *Comentario Bíblico Beacon, Tomo X.* Kansas City: Editorial Casa Nazarena de Publicaciones, 1967.
- HENDRIKSEN, Guillermo. *Comentario del Nuevo Testamento.* Grand Rapids: Edición Literatura Cristiana, 1990.
- HENRY, Matthew. *Comentario Bíblico de Matthew Henry.* Terrassa: Editorial Clie,1999.
- HODGE, Charles. *Teología Sistemática. Volumen Primero.* Terrassa: Editorial Clie, 1991.
- KIDNER, Derek. *Comentario Antiguo Testamento.* Barcelona: Editorial Andamio.
- LAROUSSE, Nueva Enciclopedia. *Tomo décimo.* Barcelona: Editorial Planeta.
- LUTERO, Martín. *Comentarios de Martín Lutero; Carta de Apóstol Pablo a los Romanos.* Terrassa: Editorial Clie, 1998.
- MONROY, Juan Antonio. *Dios en Busca del Hombre.* Terrassa: Editorial Clie.
- MUNROE, Myles. *Los Principios y el Poder de la Visión.* New Kensington: Whitaker House.
- NUEVO DICCIONARIO BIBLICO. Barcelona: Editorial Certeza, 1991.
- NUEVA ENCICLOPEDIA LAROUSSE, *Tomo quinto.* Barcelona: Editorial Planeta, 1981.
- SCHMIDT, Werner H. *Introducción al Antiguo Testamento,* Salamanca: Ediciones Sígueme.
- SCHÖKEL, Luis A. *Proverbios.* Madrid: Ediciones Cristiandad, 1984.

- SICRE, José Luis. *Profetismo en Israel.* Estella: Editorial Verbo Divino, 1992.
- THOMPSON, J. A. *Jeremías, Introducción, Comentarios y Notas.* Buenos Aires: Editorial Nueva Creación, 1992.
- VINE, W.E. *Diccionario Expositivo.* Editorial Caribe, 1999.
- WENHAN, G. J. *Nuevo Comentario Bíblico Siglo Veintiuno.* Editorial Mundo Hispano, 2003.
- WOOD, Leon J. *Los Profetas de Israel,* Michigan: Outreach Publications, 1979.

Direcciones web:

- http://robertoespinosa.es/2012/10/14/como-definir-mision-visión-y-valores-en-la-empresa/
- http://lema.rae.es/drae/?val=visionario
- HSM Management, ISSN 1888-0118, Nº. 6, 2008
- http://recursosparalideres.blogspot.com.es/2013/01/las-4-progresiones-del-coaching-de-la.html
- http://definicion.de/cosmovisión/
- http://definicion.de/ambicion/
- http://www.visiónparavivir.org/ministerio/articulos/liderazgo-ambicion-0
- http://lema.rae.es/drae/?val=ilusi%C3%B3n
- http://www.wordreference.com/sinonimos/ilusi%C3%B3n
- http://etimologias.dechile.net/?Laodicea

NOTAS

NOTAS

NOTAS

NOTAS